내 마음의
기쁜 날에

내 마음의 기쁜 날에

김현주 두번째 감성 에세이

책나무

| 일러두기 |

본문에서 등장하는 (_ , _()_ 의 기호들은 저자가 의도한 표현으로, 각각 '둥글게 펴지다', '두 손을 모아 기도하다'라는 의미입니다.

인생에는 많은 모순이 있지만
그것을 해결할 수 있는 길은 사랑뿐이다

- 톨스토이 -

차례

1장 사랑은 현재다

2장 눈으로 익숙하게 보는 것들에 대해

3장 인연은 소다soda처럼

4장 아름다운 마음 하나

■ 못다 한 말

들어가는 말

언젠가 오랜 지기인 친구와 이런 대화를 나누었습니다. 끝없이 돌을 밀어 올리는 '시지프스 신화'처럼은 되지 말자고…. 차라리 그 돌을 깨어 버린다면 운명을 극복한 삶의 주인공이 될 수 있을 것이라고요.

오랫동안
참 많이 울었고….
참 많이 아팠습니다….

가장 중요한 건 자기 자신에게 정직해야 하고 무엇보다 스스로 행복해야 다른 사람도 행복하게 해 줄 수 있다는 것이었습니다. 치열하게 고민하고 반성하고 수정하고…. 그러면서 끝없이 우울과 싸워 가면서 나를 다듬고 성장시켜야 하겠지요. 비록 다른 사람들에게 구제불능이라고 평가되어질 대상이라도 그 본성은 반드시 사랑이라는 것을 믿고 싶었습니다. 점점 비정해지는 세상에 대한 안타까움. 사람에 대한 안타까움. 그러한 안타까움을 해결하기 위한 모색은 홀로 고민하는 것이 아니라 함께 소통하고자 노력할 때 가능했습니다.

산다는 게 정말 쉽지 않습니다. 그럼에도 불구하고 살아야 하고 살아 내고…. 마지막까지 모르는 게 더 많을 테지만…. 실존적 아픔과 성찰을 경험했던 진실을 들여다보는 동안 사랑하는 일에 대해 조금은 당당해질 수 있으리라는 희망을 가져 봅니다.

아무래도 제가 부르는 노래들은 그리워했던 사람들을 더 이상 만날 수 없는 날, 세상에 [illegible] 퍼지겠지요.

| 1장 |

사랑은 현재다

추억은 사랑이 되고
사랑은 현재가 된다

사랑은

다시는
돌이킬 수 없는
이 시간-

최고의
행복을
느끼기 위해

서로의
마음과
마음의 울림이
깊이 전해지는 것

모든 색채가 빛의 고통이라는

영화 「캐롤」을 보고 난 후 내내 떠오른 생각은 테레즈의 눈빛이었습니다. 캐롤과 테레즈의 사랑은 시대가 흘러도 아직은 금기시되는 사랑이더군요. 이곳저곳에서 파열음이 터진 뒤에야 궁금한 마음과 설레는 마음으로 영화를 보게 되었습니다.

극적인 사랑일수록 서로가 가진 조건과 배경이 차이가 많이 날 수밖에 없더라고요. 상류층 사모님인 캐롤은 시종일관 무거운 밍크코트를 입고 다니더랍니다. 그에 반해 캐롤과 사랑에 빠지는 테레즈는 수수한 드레스만 입고 다니고요. 옷에서도 그 사람의 신분이나 계급을 짐작하는 우리네 문화도 이와 다르지는 않겠지요. 저 역시 거의 단벌 신사이다 보니 얼마 전 찾게 된 프랑스식 레스토랑에 갔을 때 미묘한 소외감을 느꼈거든요.

사랑에 빠진 테레즈가 사랑하는 사람의 모습을 카메라에 담을 때 눈이 내리고 있었습니다. 사람의 눈과 하늘의 눈은 가장 아름다운 순간을 담아내고 있었고, 결국 하늘의 눈은 먼저 녹아서 사라져 버렸습니다.

가장 마음을 크게 흔드는 그 '무엇'은 사람마다 다를진대 동성애라는 키워드만으로 해석했던 사람들이 이해되지는 않았습니다. 누군가를 알게 되면서 기쁨과 슬픔, 외로움, 아픔, 행복감 등의 소중한 감정들은 자신도 모르는 사이 영혼의 깊은 곳으로 스며들게 되니까요.

영화의 러닝타임이 끝나는 시점까지 테레즈의 눈은 자꾸만 물기를 머금고 있다는 생각이 들었습니다.

마치 이루어질 수 없는 그 끝을 다 알고 있지만 무모함과 두려움을 감춘 채 살아가는 모습이 안타깝다고 해야 할까요. 영화의 해피엔딩과는 다르게 '만약 나였으면 어떠했을까?'라는 질문을 던져 보면 비관적이 될 수밖에 없었습니다.

영혼이 처한 실존의 환경이라는 게 얼마나 가혹한지 가장 가까운 사람에게서도 확인되니 말입니다.

며칠 전 뵈었던 한 아버님의 경우가 그러했습니다. 외면적인 모습도 황폐라는 단어가 적절할 만큼 너무 초췌한 모습으로 내뱉으신 말이 가슴이 아팠습니다.

"가족의 소리가 들리기는 하는데 아무 말을 할 수 없소. 15년 동안 내 말을 들어주는 사람이 없었거든."

소리가 들리는데 반응하지 못하는 답답함, 그러한 답답함은 안타까움이나 분노를 넘어서 가장 무서운 체념의 단계까지 오신 상태였습니다.

"아직 남은 인생이 얼마인지 모르시는데 절대 자신을 포기하지 마세요. 사람에게 기대기 어려우면 마음을 표현하는 도구를 활용해 보세요.

글쓰기도 좋고, 쉬운 그림 그리기도 조금씩 연습하시면 된답니다."

약간의 제 진심이 전달되었는지 알 수 없었으나 안 들린다는 말만 반복하시더니 들립니다-라고 대꾸해 주셨습니다. _()_

이동진 영화 평론가님께서 영화 「캐롤」을 테레즈의 성장 영화라고 해석하셨다는 말씀에 집중해 보았습니다. 소심하고 소극적이었던 사람이 사랑의 대상이 나타났을 때, 자신감을 갖게 되고 좀 더 자신의 삶에 대한 진실을 알고자 하는 노력은 좋았습니다.

하지만 운명을 헤쳐 가는 사람들보다 운명의 감옥에 갇혀서 끝없이 자신의 내면 안에서 고독을 외치고 살아야 하는 사람들이 더 많습니다. 결국 현실에서의 테레즈는 성장을 멈추는 선택을 하게 되겠지요.

제게 있어 영화 「캐롤」은 '세상의 모든 아름다운 색채들은 빛의 고통이라는 것'을 알게 해 준 귀중한 만남이었습니다. (영화의 영상미는 정말 예술입니다.)

주문

사랑합니다
사랑합니다

상대를 이해한다는 건

끊임없이
사랑합니다 라는
주문을 외우는 일과 같습니다

희망을 위한 연가

영화「킹스 스피치」는 조지 6세라는 왕의 실화를 바탕으로 만들어졌지요. 여러 가지를 생각하게 하는 내용이었습니다. 무엇보다 말더듬이 왕이 실존 인물이었더라고요.

모든 말과 행동에는 반드시 배경이 따릅니다. 그가 말을 더듬게 된 사연도 정신적인 트라우마와 관계가 있었습니다.

어른이 되었지만 위엄 있는 아버지 곁에서 항시 주눅 들어 있었고, 유모에게 키워지는 어린 시절에도 안전을 염려해야 하는 미숙한 약자였습니다.

영화를 보면서 말더듬이라는 상황이 매우 상징적이라는 느낌이 들었습니다. 말을 더듬는 증세…. 어디 우리가 살면서 더듬거리는 일들이 말 하나뿐인가요. 사람과 사람 사이의 관계나 사랑하는 일도 걱정하는 일, 미워하고 증오하는 일조차도 말입니다. 마치 한 치 앞도 보이지 않는 것처럼 사랑과 신뢰와 희망은 늘 그렇게 위태로웠습니다.

사실 너무 깨끗한 공간에 글을 쓰다 보면 즐겁고 신명나고 끝내는 가슴 한구석이 먹먹해집니다. 아마도 마음을 함께 나눌 수 있다는 믿음

때문이겠죠.

지구별 안에서 거리와는 상관없이 나의 행복과 건강을 빌어 주는 누군가가 있다는 것만으로도 얼마나 눈물겨운 일인가요.

살아갈수록 고마움이 깊어지는 날들입니다.

별 소리

도시의 가로등이 끊긴
밤하늘에
별이 보였다

큰 별 작은 별…
자세히 보니
별이 반짝이는 게 아니라
별이 흔들거렸다

아롱아롱
흔들거리는 별의 모습이
너무 아름다워
그 빛만으로
온 세상이
밝아질 것 같은 착각
별 하나에 사랑을 싣고…
별 하나에 희망을 싣고…
별 소리가 들린다

별이 보이지 않더라도 하늘을 보세요

2월이 끝나 가고 3월이 시작될 무렵인데 날씨가 꽤 차갑게 느껴집니다. 마지막 추위라고 하는데 아직 두툼한 외투가 괜찮은 것을 보면 절기상으로 입춘, 우수가 지났지만 체감하는 계절은 겨울인 것 같아요.

치매 선별 검사를 하다가 지금 계절이 뭔가-라는 질문에 어떤 분은 겨울로 대답하기도 하고 어떤 분은 봄이라고 대답을 하기도 합니다. 재미있는 것은 봄이라고 말씀하시는 분들이 대체로 표정도 밝으시더라고요. 봄이라는 단어가 주는 따스함과 정겨움, 포근함이 있겠지요.

그러고 보니 최근에는 업무가 늘어나면서 마음의 여유도 부족했었습니다. 상대방의 어려운 점을 마음으로 헤아리는 시간보다 행정 절차상 설명하기에 급급했던 건 아닐까 반성도 하게 되었지요.

어제 만났던 어르신께서 시큰둥 내뱉은 말씀에 부끄러움과 미안함을 느꼈습니다. 며칠 전 치료비 지원 자격 재조사 관련해서 협조 요청을 했었는데 방어적이고 공격적인 말투로 대응하셨거든요.

차근차근 설명해도 날이 서 있으셔서 다음 단계로 진행하기가 불편했더랍니다.

그런데…. 처음 대면한 뒤 그분과의 만남을 잊고 있었는데 다시 그분의 사정으로 만나게 되었습니다. 남편이 치매 증세가 악화되었고, 약을 처방받기는 했지만 효과가 있을지도 의심스럽대요. 아들딸이 있어도 걱정할까 봐 혼자 속으로 끙끙 앓으시는 모습을 보니 마음이 짠해졌습니다. 제게 처음 공격적으로 말하셨을 때와는 다르게 한결 부드러워지고 소심하게 얘기하셨어요. 그래서 건강보험공단 치매특별등급제도도 안내해 드리고 잘 모르시면 꼭 연락하라는 당부도 했습니다.

"친절하게 설명해 줘서 고마워요."

짧은 인사를 듣는데 마음에 쿵-하는 뭔가가 지나갔습니다.

아! 살아오시면서 누군가에게 친절과 존중이라는 걸 받으신 적이 있으셨을까. 처음 만난 저를 왜 그토록 의심하고 미더워하시지 못했는지가 이해되었습니다. 아마도 진정한 의미에서의 존중, 배려, 신뢰라는 가치를 제대로 학습하실 기회가 없었는지도 모르겠습니다. 결국 마음과 마음을 이어 주는 건 자연스러운 따스함이 아닐런지요.

어릴 때 소아마비를 앓으셔서 한쪽 다리를 절름거리며 돌아서는 뒷모습을 보며 문득 그녀의 삶이 미약하게나마 스쳐 갔습니다.

어려서부터 불편함이 익숙했고, 슬프고 괴롭고 아픈 날들을 강하게 버티셨을 것입니다. 그럼에도 자식들을 키우고, 치매 남편을 수발하며 삶을 묵묵히 완성하고 있었습니다.

제 주변에 30대 초반부터 30대 후반, 50대, 60대, 70대까지 있는 여성들의 삶을 고스란히 들여다보면 따스한 영혼과 강한 심장이 분명 있었습니다.

그녀들이 마지막까지 아껴 두면서 지키는 건 뭔가 조금 더 귀 기울이고 싶네요.

햇살은

세상에서 제일 착하다

사랑의 씨앗

몸과 마음이
지쳐 있는 그대

그대와
사랑의 고리로 엮어져
기쁨과 슬픔을
함께하는 나

부디
그 '사랑의 씨앗'으로
'행복의 열매'를 맺기를

선물

늘 마음으로
좋은 결과가 있기를
바라보지만

힘들고 외로운
자신과의 싸움을
지켜볼 뿐

도움이
되어 주지 못해
미안해요

시간이 지날수록
고통과 불안은
커지더라도

마침내
그 모든 과정이
지나간 후엔

어떠한 결과가
주어지더라도
고마울 거예요

인생은
가장 귀한
선물이니까…

태양은 낙타가 되어

가뭄이 심하다는 얘기를 하느님이 들으셨는지 3일 동안 드문드문 비가 계속 내립니다. 비가 내리면 마음도 촉촉하니 감성적인 음악도 듣고 싶고요.

지브리 애니 OST를 피아노로 한참 감상하다 보면 잠시 영혼이 우주로 유영하고 있는 느낌도 든답니다.

지난주에는 갑작스런 비보로 장례식에 다녀왔습니다. 직장 상사의 모친께서 돌아가셨거든요. 요양 병원에 5년 정도 입원해 계셨던 어머니는 자는 잠에 고요하게 이 세상을 떠나셨노라고 담담하게 말씀하셨습니다. 영정 사진을 향해 절을 하고 상주의 손을 잡으며 인사를 건네는데, 담담함보다는 슬픔이 먼저 읽어지는지 저도 모르게 눈물이 줄줄 흐르데요. 인사를 건네셨던 상대가 오히려 당황하는 기색이었습니다.

좋은 인습은 아니라는 생각에 고치려고도 했지만 타고난 예민함은 어쩔 수 없나 봅니다.

그이의 드러나 있는 표면적인 밝음보다 숨겨진 아픔과 어둠을 먼저 읽어 내는 점이 있어서요. 감정은 감정대로 객관화하는 훈련을 해 봤지만 시도 때도 없이 눈물샘은 고장 났습니다.

이동진 영화 평론가님은 '사람은 타인의 고통 속에서 태어나 자신의 고통으로 죽는 게 삶'이라고 하셨지요. 부처님께서도 인생은 고통의 바다라고 하셨고요.

그래도 고통을 밑천 삼아 예술로 승화시키는 분들도 많이 계셨습니다. 죽을지도 모른다는 두려움으로부터 벗어나 밤과 자연이 자신을 지켜 줬다고 고백하는 시인도 있었습니다. (함민복 선생님, 고맙습니다.)

이내 현실 세계로 돌아와서 정성스럽게 준비해 주신 식사도 잘 먹었는데 말입니다. 따뜻한 시래기 국밥 한 그릇으로 눈물을 멈추고 맛있게 비울 수 있었지요. 일상으로 복귀해서 묵묵히 일을 잘하기도 했더랍니다. 문득 아버지가 생각나서 하던 일을 멈추고 전화를 드렸습니다. 자주가 아닌 종종하게 되는 딸의 안부 전화에 아버지께서는 진심으로 반가움을 드러내 보이십니다. 며칠 전에도 넘어지셔서 걱정을 했었는데, 식사도 잘 챙겨 드시고 평상시 운동을 하시기에 괜찮다는 말씀만 반복하셨습니다.

"고맙다, 우리 딸내미…."
"많이 보고 싶네…."

예전에는 보고 싶다는 말씀을 잘 안 하셨는데, 통화를 하다가 괜스레 죄송스런 마음에 울컥하더군요.

"……."

"곧 찾아뵐게요. 건강하시고요."

주말에 만나 음주 번개톡을 한 친구가 그런 얘기를 해 줬어요. 자신은 생각을 표현하는 말이 생각의 십분의 일도 안 되노라고. 오랜 세월 묵은지처럼 감정 표현이 서툴렀던 아버지와 딸은 저물어 가는 시간에 기대어 이제야 서로를 생각하고 염려하는 말들을 조금씩 고백하는 연습을 하게 되네요.

어둠보다 빛이 먼저 들어옵니다.

필요 없는 고통을 만들지 말아야겠습니다. _()_

윤회

세상의 소용돌이를
지켜보다가
사람이 그리워서
사랑이 그리워서
돌고 돌아온
그대를 향한 헌화獻花

부모님 전상서

나이 들어가시는
부모님 생각을 하면
문득
눈물 흐를 때가 있다

하루가 다르게
늘어 가는 주름살
하루가 다르게
늘어 가는 흰머리

힘든 순간들 넘기면서
살아오신 세월 동안
얼마나 아파하며
인내하셨을까

그저
함께할 수 있었다는
마음 하나

그 마음
비워질 때까지
사랑합니다

달빛 위로

지금 달 아래에서
울고 있는 사람이 있다면
조용히
그의 곁을 다가가서
토닥거려 줄 거야

어쩌면 달래 주다가
더 엉엉
울어 버릴지 모르지
그래도
꼭 해 주고 싶은
한마디

"괜찮다"

덜 아프고
더 사랑해

꿈꾸는 가로등

창문 바깥의
풍경을 바라보니
검은 화선지 속에
물방울들이 빛을 뿜다

모두가 잠든 시간에도

단 하나의 무언가를 위해
단 하나의 누군가를 위해

물빛 조각
꿈을 꾸면서
살아가는 사람들
아직
희망은 남아 있네

초의선사

서점에 갔다가
우연하게
손에 쥐어진 책

풀잎 선승의
맑고 향기로운 삶-
그 자리에서
한참을 읽었다

결국
점심 값을
몽땅 털어서
덜컥 사 버렸다

마침내
책장을 덮는 순간

마음도
고요해지고
맑아지네

그리움

눈을 가만히
감고 있으면
머리보다
마음이 먼저 알고
그려지는
얼굴들이 있다

아무리 찾아도
볼 수 없고
아무리 찾아도
들을 수 없기에
더 깊이 새겨진다

오늘 밤
차가운 물속에
그리움을
살짝 담그다

투명한 마음으로

여린 목숨 하나 붙들고
여린 사랑 하나 붙들고

아직도 죽을 만큼
사랑하고 싶다는 생각을
가지고 살아간다

자꾸만 목이 메인다

살아가는 풍경들이
눈물겹게 아름답던 시절
언제 즈음이면
다시 돌아올까
점점 아득해진다

하늘을 바라보자

조금 더 겸손한 마음으로
조금 더 투명한 마음으로…

사랑의 의미

깨끗하게 정돈된 마루
대파를 다듬고 있는 모자母子

어머니는 지병으로
집 앞에 나갈 수도 없다
돌보고 있는 아들이
미소를 머금고 인사한다
-어디제몸돌볼겨를이있나요
그저어머니만건강하셨음좋겠어요-

그 사람
눈으로는
세상을 볼 수 없지만
온몸과 마음을
다하는 모습에서
진정한
사랑의 의미를 전한다

집으로 돌아오는 길에

가까이 있어도
만날 수 없는
사람들이 있고
멀리 있더라도
매일
그 기운氣運을 느끼며
만나게 되는 사람들이 있다

사람과 사람 사이를
그윽하게 해 주는
무언가는
겉으로
드러나지 않는다

그래도
낮은 목소리로 말하고 싶어
망설이는데

집으로 돌아오는 길

고요하게

비가 내리기

시작한다

해바라기를 닮은

건강하게 낳아 주지 못해서
내내 미안해하는
엄마의 마음

그 엄마들을 대신해서
아기를 돌보는
친구의 마음

어쩌면
위대한 사랑의 시작은
해바라기를 닮은
그녀들에게서 시작한다

보고 싶다

사랑하고
그리워하고
기다리고

결국
자신을 위해서
하는 일이지만

내 삶의 여백을
채워 주는
소중하고
귀한 사람아

추억들을 떠올리면서
엷은 미소를
지을 수 있었다는 게

그 추억들이
잊혀질 즈음

함께 나눌 수
있었다는 게
고마워

나를 떠올릴 때마다
네가 떠오를 때마다

마음을 다해서
불러 보네

보고 싶다-

어둠 속에서

점점 어두워질수록
오허려
더 서로를 의지하고
더 서로를 사랑하게 되지요

그대가 지쳐서
뒤로 넘어질 때
잡아 드려도 되나요

두 사람
지금 이 순간
빛을 향해
앞으로 나아갑니다

살아 있기 때문에

'그렇게 죽을 용기를 가지고 살면 되지…'
자살 기도를 시도한 끝에
살아남게 된 그에게
의사가 이렇게 말을 했다

그이는 사는 게
너무 고달프고 절망스러워서
몸과 마음에 칼을 마구 휘둘렀다
서너 차례 칼에 찔린 배에는
선명하게 남아 있는 흉터가 남았다

그를 힘들게 한 것은
정말 무엇이었을까
자신이 설 자리는
그 어디에도 없었으며
쓸모없다는 자책감에
내내 고통스러웠다

아직도 얼굴이 어둡다

하지만
살아 있기 때문에
희망을 줄 수 있다

나무처럼

일요일마다 가는 성당 길
익숙하고 고요한
풍경 한 점
길 한 모퉁이에
우뚝 서 있는
은행나무 한 그루

묵묵히 같은 자리를
지키고 있는 그 그늘에서
근심을 잊는다

힘들고 지칠 때마다
나도
그대의 그늘이
되어 주고 싶다

만두를 찌다가

만두를 찌다가
냄비를 태웠다

냄비는 안의 물이
바짝 마를 동안
티도 안 내더니

뚜껑을 열고
물을 한 컵 부었는데
오만 가지 소리를 내며
냄비가 신음을 한다

세상에!
이렇게 뜨거웠는데…
그렇게 조용했던가…

문득 든 생각…
사람이랑 비슷하구나
사람도

쌓이고 쌓여
한꺼번에 터질 때엔
火 덩어리가
그이의 온몸을
다 태워 버릴 수도 있으니…
그을러진 냄비를
수세미로
깨끗하게 씻었다

기분이 시원하다

명상 안부

힘들게 살아가는
사람들만
만나다 보니
늘어나는 건
한숨과 눈물입니다

약하고 여린 마음
사람들이 좋아서도 울고
사람들이 미워서도 울고
사람들이 고마워도 울고

직접
다가가지는 못해도
진실은
언제나
함께할 것이고
그 믿음이
하나로 묶여 주겠지요

모든 걸 누릴 수 있는

오늘은 벚꽃나무 길을 실컷 구경했습니다. 나지막한 동산 군데군데가 벚꽃의 고운 분홍빛으로 물들어졌고요. 조용한 주택 담벼락 너머에도 벚꽃나무를 볼 수 있었습니다. 성당 뒤편 기다란 벚꽃나무와 벚꽃나무가 만나 만들어진 벚꽃 터널에서는 수녀님들이 지나가다 깔깔 웃어대는데 왜 그렇게 예뻐 보이시는지 몰래 순간 포착도 했더랬습니다.

아직도 봄꽃을 보면 가슴이 설레고 기분이 참 좋습니다. 같이 일하는 직장 동료에게 부산에서 유명한 벚꽃 명소를 왜 가지 않았냐고 물어보니 "해마다 피는데 관심 없어요."라고 대답하데요. 과연 그 꽃들이 같은 모습으로 피었던 적이 있었을까요. 어느 시인의 고백처럼 꽃 한 송이도 오래 보고 자세히 보아야 진정한 아름다움을 느낄 수 있겠지요. 삶이란 소홀히 대할 수 있는 게 하나도 없습니다.

장영희 교수님께서 세상에서 제일 큰 축복이 희망-이라고 하셨는데, 진정 그 희망이 무엇인지 온몸과 마음으로 보여 주시는 분을 만났습니다.

건강 검진상 유방암 진단을 받은 50대 초반의 한 여자 분은 처음에는 오진이라 생각하고 절대 믿지 않으셨대요. 가족력도 없었고요. 성실한 남편과 세 명의 딸을 둔 엄마, 주위 사람들에게는 늘 다복한 가정의 모습을 보여 줬다고 합니다. 어떤 상황에서든 항상 밝고 씩씩하게 웃으며 살아왔는데 암이라니요. 그러다가 자신에게 닥쳐온 현실을 인정하고 곧바로 유방 절제술을 하셨답니다. 이듬해 신장암까지 전이되어 지금까지 계속 치료를 하고 있었습니다. 웃고 계셨지만 화장을 하지 않으면 낯빛이 너무 병색이라 걱정하는 이들이 많다네요. 딱히 불편한 것도 없지만… 그렇다고 정상적인 활동을 할 정도의 체력은 안 되셨어요.

한 시간 정도의 대화에서 가장 인상적이었던 말씀은 암에게 고맙다는 인사를 하셨던 것입니다. 불청객일 수도 있는 암에게 진심으로 고마워할 수 있었던 건 온전한 체험만으로 설명이 가능했지요. 육신의 유한함, 영혼의 존재, 내세에 대한 믿음, 하느님의 은혜 등 깊은 성찰이 깃든 고백에 저도 모르게 눈물을 흘리고 말았습니다. 가슴에 쿵-하고 와 닿는 접점이 있었던 거죠.

사람과 사람 사이에 가장 중요한 소통법은 진실함이었습니다. 그녀의 당당한 진실함이 제게 전해지는 순간 찌릿-하는 신호가 왔습니다. 마음속 깊은 곳에서 우러나오는 맑은 소리. 그 소리가 善한 영향력으로 온 곳에 퍼지는 감동을 감히 상상해 보았습니다.

삼보일배三步一拜

만날 때마다
비상砒霜을
가지고 다니냐고
매번 물으시는 할머니께서
선뜻
노래 한 가락을 뽑으십니다

각각의 사연들
각각의 얼굴들

지극한 정성이 하늘까지 닿기를
지극한 참회가 하늘까지 닿기를

이미 제 키는 다 커 버렸지만
이미 제 영혼은 세상에 익숙해져 버렸지만

아직도 제겐…

지나가야 하고
건너가야 하는

무언가가 있습니다

'나는 반짝인다'고 노래할 수 있을 때까지

해가 지고 어스름할 때 즈음 00예술관에서 영화 「지금은 맞고 그때는 틀리다」를 봤습니다. 택시기사님이 00예술회관으로 착각하셔서 길을 잘못 들어서기도 했지만 영화 시작 시간에 맞춰서 갈 수는 있었지요. 글자 하나 차이인데도 사람마다 인식하는 게 참 많이 달라질 수 있겠구나 하는 경험을 했답니다.

곧 영사기가 돌아가고 어두운 곳에서 영화 OST가 흘러나오는데 괜스레 마음이 벅차오르기도 하더군요. 영화적 배경의 계절은 겨울인데, 계속 봄봄 하는 느낌이었습니다. 단순히 남자와 여자의 사랑 이야기였지만 뭔가 그 이상이 있으리라는 생각도 할 수 있었습니다.

가장 인상적인 대사는 영화의 거의 마지막 장면에서 함춘수가 옆에 있던 지인에게 윤희정을 스치듯 바라보며 '전부터 알던 사람이에요.'라고 하는 부분이었어요.

시작과 끝의 경계가 모호해지는 지점이기도 했지요. 일상 속에서 자주 만나서 인사를 하게 되는 사람도 있는가 하면, 얼굴만 자주 보기에 인사를 하기에는 멋쩍은 사람도 있더랍니다. 말을 안 해도 왠지 내 마음을 알아줄 것 같은 사람도 있고요.

어떤 물건은 한참을 찾아도 없다가 마음 비우고 있으면 엉뚱한 곳에서 등장하데요. 사람이든 사물이든 인연에 따라 움직이는 게 삶이기도 하니까요.

홍상수 감독님의 인터뷰를 들어 보니 결국 사람과 사람과의 관계에 있어서 거짓으로 포장된 칭찬보다 거칠고 투박하지만 있는 그대로의 진솔함이 더 중요하다는 것이었습니다. 실제 진솔함도 중요하지만 그것을 표현하는 방법도 중요하더라고요.

지난주에 만났던 70대 아버님의 경우가 그러하였습니다. 아들과 동행하여 지팡이를 짚으며 힘들게 오셨어요. 아들의 얘기를 들어 보니 뇌출혈 수술을 두 차례 하신 뒤 수족이 불편해지면서 대부분의 시간을 집에서만 지낸다고 하셨습니다. 그런데 며칠 전부터 갑작스레 밥상을 뒤엎는 등의 행동이 나타나서 뇌의 문제가 아닐까 걱정스럽다며 상담을 원하셨습니다.

간단한 검사와 대화를 해 보니 아들이 걱정했던 것만큼 아버지는 인지 상태나 뇌출혈의 재발 위험성이 있었던 것은 아니었습니다. 오히려 몸의 문제가 아닌 마음의 문제라는 생각이 들었습니다.

아들이 잠깐 나간 사이 밥상을 왜 뒤엎었는가 하는 질문에 아버님은 늦게 들어 온 마누라가 자신이 남긴 밥과 반찬을 한데 모아 버리는 모습에 순간적으로 화가 나셨다고 합니다. 오랜 투병 생활로 자존감도 많이 저하되어 있었습니다.

"밖에 바람도 쐬려고 나가 보면 사람들이 자꾸 말을 해요. 백수인데 차가 두 대라고… 백수인데 차가 두 대라고……."

사람들의 수군거림에 상처를 입으시고, 점점 마음을 닫아 버린 아버지는 그렇게 가족들을 향해 자신의 진심을 전하고 있었습니다. 작은 도움이 될까 하는 마음에 진심 어린 당부를 드려 보았습니다.

몸도 불편하신데 마음의 상처가 되는 얘기를 반복적으로 듣다 보면 속상하고 힘드실 수 있다고요.

내가 아플 때 곁에서 돌봐 준 가족을 함부로 대하면 안 되신다고 말씀드렸습니다. 밥상을 뒤엎지 말고 마음을 솔직하게 표현하는 연습을 해 보시라고 했습니다. 앞으로 남아 있는 시간 동안 좀 더 자신을 소중하게 생각하셨으면 좋겠다고 웃어 드렸더니 덩달아 웃으시며 고맙다고 하셨습니다.

조심스럽게 한 걸음 한 걸음 내딛는 부자의 모습을 보니 사람은 사람 덕에 사는 것 같아요. 사이의 거리만큼 서로를 그리워하고, 아끼고, 갈등하고, 원망하고, 그러다가 다시 결국에는 미안해하고, 부끄러워하고, 감싸 주고 하는 게 사람들이겠지요.

담벼락 위에 잠자리가 내려앉아 있습니다.

잠자리처럼 가볍게 산책하세요.

ㅣ2장ㅣ

눈으로 익숙하게 보는 것들에 대해

눈으로 익숙하게 보는 것들에 대해…

영혼이 따스해지는 날들

엄마의 고백

-죽도록 힘들었을 그때,
글을 함 써 보는 긴데
지금은 다 이자뿌따

푸른 나무 사이를 걷다가

새롭게 시작된 월요일 오전. 외근 길 차량이 속도를 내며 달리는데 길가의 은행나무 단풍들이 수북이 떨어져 있었습니다. 한 분은 은행나무 가지를 치고 있었고 다른 분은 떨어진 단풍을 쓰느라 여념이 없으시더군요. 운전하는 선생님이 치는 사람이 있으면 치우는 사람은 따로 있다며 싱거운 농담을 건네셨습니다.

'아… 그렇지… 가을이구나….'

은행나무 가로수 길 풍경을 바라보고만 있었는데도 왠지 모르게 편안해지고 차분해지더라고요.

만물은 균형감을 잃지 않고 피우는 때가 있으면 지는 때가 있음을 소리 없이 알려 주고 있었습니다.

그동안 왜 소식이 없었냐는 물음에 바빴다는 말 한마디로 대신했습니다. 요즘 바쁘게 살지 않는 이가 있을까 생각하니 참 당연하고도 부끄러운 답변이 아닐까 하는 반성도 했더랬지요. 끝을 알 수 없기에 더 소중하고 귀한 시간들. 나이에 비례해서 시간은 점점 짧아지고 있었습니다. 그냥 일상이라는 게 다 그렇지-적당히 합리화 하면서 내면의 속삭임을 무시했지요. 기쁘고 행복해서 웃는 순간이 있노라면 슬프고 실망스러워서 펑펑 우는 순간도 있었습니다.

그럴 때마다 가슴 속 깊이깊이 울리는 한 글귀….

'나는 자꾸만 살고 싶다.'

삶에 대한 간절함이 진지함을 낳고 진지함은 다시 간절함으로 이어지고 있었습니다.

오늘 간절함에 대한 화두를 품고 만났던 분은 퇴행성 척추염을 앓고 있던 50대 아주머니셨습니다. 뇌출혈로 전신 마비가 된 남편을 8년 동안 간병하면서 남은 것은 간병에 대한 선명한 기억과 병든 육신, 그 모진 세월을 담담하게 회상하시는 모습에서 '그럼에도 불구하고'라는 단어가 숙연하게 느껴졌습니다.

"아무것도 할 수 없었던 남편이지만 그래도 없는 것보다 낫지예. 나중에 정신까지 놓아 버렸어도 말할 수 있는 상대가 있다는 게 얼마나 좋은지…. 나 혼자 남으니 알겠습디더."

불시에 외로움이 그녀를 삼켜 버리는 건 아닐까 걱정스러웠습니다.

하지만 이내 마음이 놓였습니다.

아팠던 기억도 그리운 추억이라고 말할 수 있는 사람, 새벽녘 누군가와 인사하기 위해 현관문을 열어 두는 사람이라면 정말 괜찮지 않을까요.

소망

하늘과 땅 사이에 있는
꽃과 나무
물고기들
제 귀한 것을 버리고
다시 태어난다

나도
언젠가는
모두 버리고
다시
태어날 수 있겠지

새날이 밝아 오면
작은 손과 발로
단 한 사람에게라도
행복을
전해 주고 싶다

종일 지친 날개를 쉬고 다시 날아갈 수 있는

오늘은 부처님 오신 날이라고 절에 행사가 많았겠지요. 그런데 집안에 불자가 없어서 친정, 시댁 할 것 없이 조용하고 차분한 휴일이었습니다. 제가 좋아하는 친구는 농담 삼아 '부다스데이'라는 표현을 쓰더라고요. 친구의 센스를 생각할 때마다 싱긋-웃음이 나기도 했습니다. 남편과 점심식사를 한 뒤 동네 산책을 나갔습니다.

크고 못생긴 아파트들을 볼 때마다 가슴이 답답한데 동네의 주택가에 들어서노라면 마음이 편안하고 다양한 개성들을 볼 수 있어 기분 전환이 되더군요.

낡은 주택들을 리모델링하는 공사가 한참인 곳도 있었고, 이미 완성하여 입주를 기다리는 독일의 패시브하우스 같은 주택도 보였습니다. 그린주차사업 지원을 받아 담벼락을 허문 집도 있었고, 담장 너머로 마당에 빨래를 널어 둔 집도 보였습니다.

그 사람의 집을 보면 그 사람을 조금은 알 수 있을 것 같은 생각도 해 봤습니다.

어제 심야로 본 영화 「매드맥스」에서 가장 인상적인 대사가 여주인공 퓨리오사의 한마디 'home…'. 어떤 단어보다 무게감 있게 들렸지요.

러닝타임 두 시간을 압도하는 액션신보다 제 심장을 쿵-하게 하는 말이었습니다. 일상 속에서 흔하게 접하는 말인데도 상황에 따라서 참

깊이는 다르더랍니다.

퓨리오사가 목숨을 걸고 지키고자 했던 가치-그것을 조금은 제 자신도 알 수 있을 것 같아 괜스레 울컥-눈물이 나더라고요. 퓨리오사를 보면 진정한 자유는 용기에서 시작되었습니다. 자신과 타인에 대한 신뢰가 있을 때에만 나올 수 있는 선택이었어요. 집, 고향은 근원적이면서 그리움의 또 다른 표현이었습니다.

조지 밀러 감독의 철학적 질문은 더 많은 생각을 하게 하더라고요. '희망 없는 세상에서 우리는 어디로 가고 있는지?' 길을 걷다가 마주한 풍경들이 새롭고 설레기도 하지만 결국 걸어갔던 길을 다시 되돌아오게 만드는 건 새로움이 아닌 익숙함이었습니다.

한 시간 반 정도 걸었을까요. 평소 가 보지 않았던 낯선 골목길에 들어섰는데 참 묘한 장면이 연출되어 있었습니다. 말도 없고, 문도 없는 집.

누군가가 살았는지는 알 수 없었지만 화재가 난 뒤 정리하고 남은 흔적들이었지요. 골목길 끝 작은 절에서 달았는지 '부처님 오신 날'의 녹색 연등은 집 안의 풍경과 참 대조적이면서도 어울린다는 생각을 했지요. 살면서 수많은 사건과 사고들이 있겠지만 하루만이라도 가슴 따뜻한 부처님을 만날 수 있다는 건 아직 희망이 남아 있다는 건 아닐런지요.

누구든지 안에서 말썽 부리는 자기가 죽었으면
해와 구름이 그에게 복종한다

- 루미, 「사랑 안에서 길을 잃어라」

남아 있는 날의 가장 첫날이 다시 온다면 말썽 부리는 자기를 죽이고 곁에 있는 사람들을 소중하다고 믿는 날이 되었으면 좋겠습니다.

작은 떨림

아빠는
어디서 어떻게
죽었는지도 모르고
비가 올 때마다
물이 새어 나와
벽이며 천장이며
온통 곰팡이가 핀
좁은 방

한 엄마와 한 아기가 있다

열심히 행복하게
살고 싶어요
배운 것도 없고
가난해서
딱히
남에게
줄 것도 없지만

사람에 대한 사랑만은
남아 있어
그 작은 떨림이
그대를 살아가게 하네

삶은

삶은 끊임없이
자신을 정화시키는 과정이다

자신이 겪는
고통의 무게가
힘겹기도 하고
그만큼 비례해서
은총의 무게도 체험한다지

세상이 탁하다고
슬퍼할 것이 아니라
세상이 조금이라도
맑아질 수 있는
노력이 중요하겠지

사랑하고
살아가는 일이
서툴고
자주 흔들리지만

맑아진 마음으로
등불 하나 밝히는 순간
그대의 발에
조용히 입을 맞추리

예순 갑자를 돌아 나온 아버지처럼

지난주 '스튜디오 지브리 입체 건축전'에 다녀왔습니다. 워낙 지브리 애니메이션을 좋아했기 때문에 전시 일정을 보고선 꼭 보겠다고 다짐했었거든요. 전시회 초기라서 그런지 관람객도 무척 많았습니다.

사진 촬영이 안 되어 그 감흥을 다 전달할 수는 없겠지만 두 시간 남짓 감상하는 시간 동안 내내 설레고 즐거웠습니다. 실제 애니메이터들이 그린 원화 그림들과 스케치 그림들 하나하나 예술 작품이더라고요. 내내 감탄사와 너무 잘 그렸다는 말 밖에 할 수 없었습니다.

관람 후 천공의 성 라퓨타의 하늘에 떠 있는 성과 붉은 돼지의 아드리아 해에 있는 호텔 그림이 담긴 파일을 샀더랬습니다. 파일을 벽에 붙여 두고 있으면 마치 만화의 주인공이 된 것 같은 착각에 빠져서 그림을 볼 때마다 행복할 것 같았지요. 비록 머나먼 여행을 간다는 게 꿈같은 일이겠지만 상상만이라도 늘 비행하며 지구별과 우주를 품을 수 있다면 그것도 괜찮으리라 위안하면서요.

출근길 하늘을 보니 아득하게 더 높아진 것이 가을이라는 걸 실감할 수 있었습니다. 그런데 가을이 오면 쓸쓸하다는 사람도 많더라고요. 마음 나눌 상대가 없어 혼자서 술을 마셨다는 친구도 있고, 누군가는 혼자

보다 함께 산책하자고 조르기도 했습니다. 계절이 주는 감성보다는 곧 다가올 예방접종 추가 업무나 명절증후군 등 당장 처하게 되는 현실에 우울했습니다. 미리 걱정을 하다 보니 미간 주름이 펴질 날도 없데요. 그럼에도 불구하고 대부분의 사람들은 대견하게 하루하루 잘 살아가고 있었습니다.

저 역시 검사와 행정 업무와 전화를 연이어 받다가 잠시 숨을 돌릴 때 만나는 분들에게서 힘을 주기도하고 받기도 한답니다. 오늘 만났던 분은 85세가 넘은 어르신이셨는데 일 년 전 부터 이유 없이 마음이 불안해서 잠을 못 주무셨대요. 병원에 신경과 약도 복용했지만 별 차도가 없어서 자녀들이 기억력 검사나 해 보자고 모시고 왔더랍니다.

행여 상처받지 않으시게 조심스럽게 접근했습니다. 한국전쟁 당시 힘겨운 기억이 있으셨던 건 아닌지 여쭈어 봤지만 그러한 기억도 없고 아내와 자식들이 자신에게 잘하고 아무 걱정이 없다고 하셨습니다.

그런데 왜 이토록 마음이 콩닥거리는지 이해가 안 된다며 안타까워 하셨지요. 나름 교회도 다니고 있고, 보훈병원에서 진료도 하셨대요.

일단 검사 결과도 설명해 드리고, 부작용이 없는 간단한 처방을 말씀드렸습니다. 감사 일기도 꾸준히 써 보시고, 마음이 불안할 때마다 '나는 편안하다'라든지 '나는 괜찮다'라고 자신을 잘 달래 주는 것도 중요하다고 강조했지요. 귀가 잘 안 들리신다고 했는데 제 말 한마디 한마디 정성스럽게 반응하시는 모습에 괜히 숙연해졌습니다. 연식으로 한참 아래인 사람의 말에 귀를 기울이셨기에 말 한마디 한마디 진심의 무게를 실었지요. 삶에 대한 간절함이 있어야만 겸손해질 수 있다는 것을 몸소 가르쳐 주셨습니다.

호흡은 길고 깊게 할수록 몸에도 마음에도 좋다고 하지요.

시처럼 그림처럼 영화처럼 살아가는 게 좋은 날들입니다. 길지도 짧지도 않는 인생이여~!

잠언

진정으로
키우고 가꿔 나가야 할 것은
사람을 사랑하는
신에 대한 믿음과
신을 사랑하는
사람에 대한 믿음입니다

상상해봐요

아무도 없는
성당 한구석
조용히 기도를
드립니다

무서운 어둠
눈 아래가
갑자기 뜨거워지더니
얼굴 한가운데로
물 한줄기가
내려갑니다

그대도

사람으로 인해
실망도 하고
사람으로 인해
감동도 하는
세상 속에서

'사랑' 때문에
살아가고 있다는 걸

오직 사람에 대한
사랑만
존재한다고

상.상.해.봐.요.

사랑의 빛을 보세요

며칠 동안 비가 계속 내리다가 오늘에서야 그쳤습니다. 밀려 있던 일들을 정리하니 하루 반나절은 그냥 지나가네요. 일 년 중에 첫 달이 지나가고 다시 새 달이 찾아올 준비를 하고 있습니다. 시절 인연이 다해 떠나는 사람도 있고 아직도 남아 있는 사람이 있습니다. 모두가 알게 모르게 정들었는데 말입니다.

최근에 제가 가장 마음을 많이 주게 된 것은 사람이 아니라 사물이었습니다. 하루에도 수십 명의 사람들과 사무실 안과 세상 밖의 사람들이 오고 가는 문-책상 옆에 문이 있거든요. 문의 표면에는 '문 닫아주세요!'라는 글귀가 있었습니다. 그런데 거의 대부분의 사람들이 문이 말하는 소리를 듣지 않았습니다. 문을 사용하는 사람들은 자신이 나가는 것에만 신경을 쓰더랍니다. 나간 뒤 문의 목소리에 귀를 기울이는 사람이 없더군요. 문이라는 존재의 가치가 열리기도 하고 닫히기도 하는데 말입니다.

처음에는 문을 닫지 않는 사람들 때문에 속상했습니다. 그러다가 마음공부라는 생각으로 어림잡아 백여 차례의 횟수에 상당하는 문 닫기 작업을 실행해 보았습니다. 문을 닫을 때마다 마음속으로 "그래, 내가 닫아 줄게."라고 말을 해 보기도 했습니다. 물론 문은 말이 없었고요.

놀라운 것은 문을 닫는 행동이 처음에는 불편하다가 점점 편해지는 것이었습니다. 다른 사람들이 문을 닫지 않더라도 신경을 쓰지 않게 되었습니다. 마음속에 뭐가 있는지 구체적인 요소를 알 수는 없었지만 주변의 사물 하나에도 정성스런 마음으로 대하려는 노력이 중요했습니다. 이외수 선생님께서 말씀해 주신 '편재론'도 떠올랐습니다. 살다 보면 어느 하나 빚 안 진 게 없는데 말입니다. 그리고 어느 하나 사랑이 깃들지 않는 게 없다는 마음의 소리도 들려 왔습니다.

'사랑'이라는 테마가 정말 강력하게 다가오는 만남들이 있었습니다. 어제 만나 뵈었던 80이 훌쩍 넘은 어르신은 아내에 대한 사랑이 정말 각별하시더군요. 처음에는 본인의 인지 건강을 체크하고자 오셨다가 조금 더 마음을 놓으시더니 본격적으로 자신의 이야기를 풀어놓으셨답니다. 자신의 아내가 이상한 이야기를 만들어서 자신을 의심하고, 의심이 커지면서 때리고, 꼬집고, 욕을 하신다대요. 할아버지의 팔은 온통 피멍 투성이였습니다. 당신께서 국가유공자이기 때문에 보훈병원에서 몇 차례 약을 복용하다가 그것조차도 약을 중단한 상황이었습니다. 자식들에게도 말을 다 하지 못한 채 가슴앓이하신 세월만 십 년이 넘으셨습니다.

"왜 적극적인 치료를 안 하셨습니까?"
"불쌍해서요……."

다른 사람들에게 그토록 강인하셨던 분에게서 나온 답변에 안타까움이 배가 되었지요. 최근에는 환시나 환청 같은 증상도 심해지고 있었어요. 결국 배우자의 선택에 달린 문제이겠지만 진심을 담아 설명 드렸습니다. 할머니는 치료를 해야 되는 상황이라고요. 할아버지께서 할머니를 아끼고 사랑하는 마음은 알겠지만 사랑의 방법이 잘못 되었다고 단호하게 말씀드렸지요.

두 분 다 무너지기 전에 가족들에게 알리고 전문 의료 기관을 찾아야 된다고 했습니다. 말했던 내용들을 서면화해서 서류를 드릴 테니 사용하시라고요. 할아버지께서 마음의 변화가 있으셨는지 그렇게 해 주면 고맙겠노라고 하셨습니다. 기본적으로 발급되는 서류가 아니었지만 형식을 갖추어 말씀하신 내용들을 정리해서 드렸습니다.

"아효… 십 년의 역사가 이 종이 한 장에 담기셨네요."

할아버지께서 웃으면서 정말 그렇네-라고 공감해 주셨습니다. 순간 글의 힘이라는 게 이토록 놀랍고 강할 수가 있겠구나 하는 생각이 들었습니다. 글은 단순히 자신을 표현하는 수단 이상으로 사람을 지켜 내고 사랑을 지켜 낼 수 있다고 믿게 되데요.

지팡이를 짚고 떠나시는 모습을 보며 오기 전보다는 조금 더 발걸음이 편해지신 것처럼 느껴졌습니다.

이 세상을 살아 볼 만한 곳으로 만들어 주는 '사랑'을 보면서 그대도 살아가는 기쁨을 느끼셨으면 좋겠습니다.

하늘을 보면

가끔은
맑은 하늘이
너무 곱다는 생각에
눈물을
훔치기도 하고

하늘을
보면
드러나지 않는
마음속의
설레임

미소 지을 수 있는
무슨 일이
일어날 것 같다

아쉽게
하루가 저물더라도

아시나요

마음이 마음에게
무언가를 줄 때에는
작은 울림도
전해져요

그대는
아.시.나.요.

5월의 햇살

사람 하나
겨우 지나갈 만큼
좁은
공간에도
'아름다운 5월'은 온다

하늘도 푸르고
사람도 푸르고

지나가는 동안
햇살 맞이
하느님이 주신
작은 축복이네

꽃보라

봄볕 남쪽 나라 바다
바람에 날리는
꽃잎들

드러내고 싶은
마음

따뜻하게
포용할 수 있어

또 다른
희망이 되는
아름다운 동행

엄마의 텃밭

지친 몸을 이끌고
문을 열어 보니
창가에 화분들이
나란히 놓여 있다
딸기 꽃 두 송이와 허브

담벼락 아래
작은 텃밭에 활기가 넘친다

비어 있는 화분마다
모종은 심어져 있고

하루에도 몇 번씩
창문을 열고
감탄하는 엄마

이제는
식물의 영혼을
달래고 돌보시네

그 시절의 햇볕을 떠올리세요

봄이 언제 오려고 하는지 날씨가 풀리는 듯하다가 비 그친 뒤 매서운 바람이 불고 있습니다. 퇴근길 시장 입구의 큰 간판이 바람에 휘청하더니 차와 부딪히면서 119 대원들이 와서 수습을 하고 있더라고요. 위험천만한 상황이었지만 다행스럽게도 막혀 있던 차 때문에 사람들은 다치지 않은 듯했습니다. 하루를 무사히 보낼 수 있음에 감사하기도 했고요.

차가운 바람이 부는 날씨에도 열심히 각자의 자리에서 제 몫을 다하시는 분들이 존경스러웠습니다.

몸과 마음이 웅크려지는 시절인지 여기저기 아픈 소식들이 많이 들렸습니다. 자신의 국기를 들었다는 이유로 언론과 사람들에게 화살을 맞는 어린 가수도 있더군요. '정게저자가 활동하고 있는 온라인 커뮤니티. 정겨운 게시판의 줄임말'라는 작은 공간을 나누어 사용하는 사람들의 갈등도 보이고 무엇보다 우리에게 많은 울림을 주셨던 신영복 선생님의 소천召天 소식은 정말 가슴 아팠습니다.

지상에서의 삶이 지난하셨지만 묵묵히 바위처럼 견디어 내셔서 나무가 되고 꽃이 되셨던 말씀을 다시 듣고 싶었습니다.

신영복 선생님께서 자살하시지 않았던 이유가 '신문지만 한 햇볕'이라고 말씀하셨는데, 가슴이 먹먹해졌습니다. 많은 것을 가지고 있어도 충분히 행복하지 못한 이유는 그것을 순수하게 받아들이지 못하고, 스스로가 슬픔과 불행을 만들기 때문은 아닐까 하는 생각을 했었답니다.

오늘 저와 인연이 닿으셨던 나00 할머니께서는 어려운 순간일수록 사랑을 선택해야 된다는 것을 일깨워 주셨습니다. 할머니는 다리 수술을 해서 걸음이 무척 불편하시더군요. 보호자의 동행으로 겨우겨우 힘겹게 발걸음을 옮기셨습니다. 파킨슨병을 5~6년 전부터 치료하고 계셨기에 동의서를 작성하시는 순간에도 손 떨림 증세로 겨우 자신의 이름 석 자를 기록하실 수 있었습니다.

지금 계절에 대한 질문에 계속 추운 계절이라고만 하셔서 겨울이라는 단어를 말하시기까지 검사자가 노력할 수밖에 없더라고요.

귀도 잘 안 들리시는 느낌이고 검사 과정을 귀찮아 하셨습니다. 난이도가 올라갈수록 답변하시는 걸 힘들어 하시더니 결국에는 한마디 말씀하셨어요.

"꿈같다… 꿈……."

짧게 내뱉으신 말 한마디가 마치 시어처럼 느껴졌습니다. 눈을 감고 계시면 살아 있는 사람인지 죽어 있는 사람인지 알 수 없는 듯 미묘하게 사람의 얼굴과 나이 든 고목의 모습이 겹쳐지데요. 검사를 마치고 보호자에게 할머니가 말씀하신 내용을 전달해 드렸습니다. 자신이 곁에서 20년을 모셨지만 '꿈'이라는 단어를 사용하신 건 처음이셨다고요. 정밀 검진 의료 기관을 안내하는 순간, 기관에서 요구하는 실적보다 할머니의 안위가 더 자세하게 보였습니다. 정해진 업무 범위에서만 진행한다면 물론 좋지 않은 결정일 수도 있었습니다.

하지만 할머니가 꿈같이 얼마 남지 않은 날들을 진정 잘 마무리해야 된다고 생각하니 그 이상의 결정을 보호자에게 설명하게 되었지요.

정신이 오락가락하시던 할머니께서 저와 인사를 나누는데 마치 무언가를 아는 듯한 웃음을 지으시는 모습이 무척 인상적이었습니다.

"수고하셨소…."

추후 전화 상담을 해 보니 지침 기준 범위 내에서의 선택보다 다행스럽게 더 나은 선택을 했었다는 것을 확인할 수 있었습니다. 결국 상황에 대한 태도에서 사람다움을 선택할 수 있는 방법은 진심이 깃든 사랑이었습니다. 스치는 만남이라는 게 짧을 수도 있겠지만 자신의 영혼을 다해 그 사람을 사랑으로 대한다면 가려진 길도 뚜렷하게 보이니까요.

사랑을 흙 속에 심으시고요.
종종 물도 주세요.
인생은 촉촉하니까! life is moist!

묵상

어깨에 둘러멘 가방 안에
담겨진 보물 하나

무엇이 소중하고
무엇을 지켜야 하나

우주는 나를 부르고
나는 우주를 부르네

메아리

사랑하는…
사랑하는…

좋아하는…
좋아하는…

보고싶은…
보고싶은…

많이 그.립.습.니.다.

차지 않는 혼자 속에서

일교차가 심한 날씨라서 낮의 햇볕은 살결이 따가울 만큼 강한데 해질 무렵이 되면 열린 창문으로 바람이 서늘하게 들어오네요. 길다면 길고 짧다면 짧았던 연휴가 끝나 가고 있습니다.

대체 휴무일이 없었다면 정말 짧았을 거라고 주변 사람들과 얘기를 했는데요. 실상 그 휴무일조차 누군가에게는 사치스런 말이라고 하더라고요. 법적 근거가 없는 휴일이라서 사장님 마음대로 법이 적용된 일터에서는 대부분 정상 근무를 하고 있었습니다.

실제 재래시장과 대부분의 가게들은 거의 대부분 문을 열었더군요.

삶의 터전에서 열심히 일하는 만큼 정당한 보수를 받을 수 있으면 좋으련만 요즘 20대 친구들 얘기를 들어 보면 제일 필요한 게 돈이라고 하더라고요.

정규 일자리보다는 대부분 인턴제나 계약직으로만 채용을 하다 보니 일을 해도 수입이 늘지 않고, 연애나 결혼은 아득한 꿈이 되고 말더랍니다.

다른 한편에서는 서너 달 사이에 아파트 값이 이삼천만 원이 훌쩍

올랐다는 소식도 들렸고요. 사람이 일을 해서 돈을 버는 속도보다 돈이 돈을 버는 속도가 더 빠르니 양극화도 심해지고 갈등도 깊어졌습니다.

명절이라고 장을 보는데 손에 쥐기만 하면 만 원, 이만 원 부르시니 지갑에 넣어 두었던 파란 지폐가 순식간에 사라지데요. 간소한 차례 상이라고 하지만 기본만 해도 삼십만 원 정도는 들었습니다. 정성보다 관습이 우선시 되는 것 같아 마음이 편치 않았지요. 익숙함에서 벗어나 변화를 인정한다는 게 얼마나 어려운 일인지 명절 기간 동안의 개인적 체험에서도 알 수 있었답니다.

김창옥 교수님이 말씀하셨던 질서 안에서의 자유로움-그 기준을 정함에 있어 아직 현실적으로 무리가 많이 따르기도 하니까요.

세대 간 소통의 불모는 식구들끼리 대화를 하다가도 불쑥불쑥 드러나기도 했습니다.

과연 내가 사는 세상이 정상적인가 하는 물음을 던져 보지만 시간이라는 거대한 세계 앞에서 한없이 작아질 수밖에 없었습니다. 나이를 먹을수록 과거의 추억이나 감성이 새록새록 살아나기도 하지만 머무는 나이는 없으니까요. 어르신들도 '세월에 장사 없다'라는 말은 대부분 인정하셨어요.

그런데 지난주 치매 가족 모임에서, 나란히 노부부께서 기체조를 하시는데 할아버지가 머리에 부딪히실까 봐 정신이 온전하시지 못한 할머니께서 할아버지의 앞 책상 테두리에 손을 한참 동안 대고 계셨습니다. 그 모습을 옆에서 보고 있으니 가슴이 찌릿-하면서 뭉클했어요.

생물학적으로나 의학적인 시간을 넘어 함께한 세월만큼 서로를 아낄 수밖에 없는 그 무엇-아마도 사랑이었을까요.

사랑의 모습은 여러 가지겠지만 60년 지기의 노부부를 뵈었더니 미묘한 감정들이 스멀스멀 올라왔습니다. 최근 화제의 영화였던 「지금은 맞고 그때는 틀리다」에서와 같은 사랑도 있고, 칼릴 지브란의 '영적인 순례자'와 같은 사랑도 있을 것입니다. '각박한 현실을 그래도 견디게 하는 힘은 아름다운 구름과 같은 사랑이어라~'

외로움을 아는 자만이 시간을 견딜 수 있는 만큼 서로를 따스하고 편안하게 사랑할 수 있겠지요.

참된 사랑은 편하고 좋은 것이었습니다.

얼마 전 보게 된 애니메이션 「칼릴 지브란의 예언자」의 장면들과 오버랩되었던 그림이 앙리 루소의 「홍학」이었습니다. 평범한 세관원이었던 앙리 루소는 한 번도 정식으로 그림을 배운 적이 없었지만

뒤늦게 그림 공부를 독학하여 자신만의 화풍을 잘 살려냈다는 평가를 받았더라고요. 다른 작품들보다 유독 이 그림이 마음에 와 닿았습니다. 길을 걷다 보면 한없이 높고 푸른 가을하늘처럼 한참 보더라도 질리지 않는 풍경이었습니다. 부드러우면서도 마치 다른 세계로 이어지는 듯한 장엄함과 거룩함도 느껴졌습니다.

어젯밤 꿈속에서 벽 안으로 들어가는 거인을 봤는데요. 꿈에서는 무섭기도 하고 두렵기도 했습니다.

어쩌면 앞으로의 삶에서도 '나만의 벽을 허물고 세상을 만나는 것, 그리고 내면에 깊은 주름을 만드는 것'이 평생 숙제가 아닐까 생각해 보았습니다.

사랑하기 좋은 계절입니다.

닮아가기

하느님을
믿는다는 것은
아름다운 일이다-

아침마다 흘러나오는
묵상 중 한 부분
익숙해져 버린 구절인데

순간
몸이 움직여지지 않는다

그만큼은
못하더라도
닮기 위한
간절함이라

사랑하는 사람을
예수님처럼 부처님처럼

침묵

아무 말도 하지 마세요
그저 바라만 보셔요

그대가
눈을 감고 있더라도

하늘과 땅이
밤낮없이

해와 달에게
그대의 사랑을
지켜 주라고 속삭이니까요

인생의 참맛

시금치를 데쳤다
살짝 데쳐야 하는데
너무 오래 데쳤다
먹어 보니 무르고
맛이 밋밋하다

한 줄기라도
담고 데치고 삶고
적절하게
건져 내는
때를 알아야
나물이 맛있다

인생의 참맛을
내는 것도

마라톤

남과 비교하면
변하지 못해요

부족하고
부끄럽고
꿈을 가진 사람들은
고민과
아쉬움은 있으니

한 걸음
두 걸음
세 걸음

조급해하지 말아요

희망과 절망을
끝없이 반복하는 게
삶이잖아요

평범한

일상의 나날들

비범함을 이루는 그날까지

한평생이 가더라도

계속 달려요

희망의 대화

바람이 세차게 분다

'바람님 바람님 멈춰 주세요'
바람님이 나의 소리에
귀 기울여 주시겠지

소명을 다하는
희망의 대화

문득
스쳐 가는 '바람(風)'이
'바람(望)'이 되네

반 무지개

비행기 조종사가
창공에서
내려다보면
무지개가
둥글게 보인다네

아래에선
반 밖에 보질 못하는데…

어쩌면
보여지는
반조차도
보지 못한 채
살아갈지도

한마음

꽃집에 들러서 사 온
수선화 한 그루
봉오리가
아직 피어나지 않았다

아침에 일어나 보니
꽃봉오리가
조금 열려져 있고

나를 향해
조용히 속삭인다

'당신의 마음을 알 것 같아요'

의미 있는 삶

며칠 전 팟캐스트 '라디오 책다방'에서 아우슈비츠 수용소 생존자였던 프리모 레비 작가의 이야기를 듣게 되었습니다. '냄새'와 관련된 부분이 인상적이었지요. 극심한 악취가 감옥 안에 진동하고, 불결한 물로 몸을 씻어야만 하는 상황들-그러한 환경 속에서 작가가 살아남을 수 있었던 것은 인간으로서의 존엄성을 잃지 않았다는 것이었습니다.

음식 쓰레기를 버릴 때면 그 고약한 냄새에 숨을 멈출 때가 있습니다. 비가 많이 내리던 날, 길을 지나갈 때 비를 머금은 아스팔트의 냄새도 싫고요. 시아버지 병문안을 갔을 때 병실 안의 쿰쿰하면서도 설명할 수 없는 냄새가 힘들기도 했습니다. 냄새는 불쾌감, 불편함뿐만 아니라 존엄성이 있는 인간으로서의 삶과도 관련성이 있었네요.

작가의 이야기를 다 듣지 못한 채 다른 생존자 빅터 프랭클 박사를 떠올렸습니다. 의미 있는 삶을 사는 7가지 법칙이 있었어요.

하나, 우리에겐 삶의 자세를 선택할 권리가 있다. (부정적인 것보다 긍정적인 게 좋겠지요.)

둘, 의미를 찾고자 하는 의지를 발견하라. (역시 의지력이 중요하네요.)

셋, 삶의 순간순간 의미를 깨달아라. (일상의 소중함이 여기에 있답니다.)

넷, 자신에게 불리한 일을 하지 마라.

다섯, 거리를 두고 자신을 바라보자. (남편이 참 고마웠던 게 자신과 타인을 객관화하는 시각을 키워줬지요.)

여섯, 관심의 초점을 다른 곳으로 돌려라. (생각과 마음을 관찰해요.)

일곱, 자신을 넘어서라. (제일 어려운 것입니다.)

어제 남편이 아버님 간병을 하기 위해 병원에 가 있는 동안 밥을 먹고, 세수를 하고, 빨래를 하고, 빨래를 개고, 청소하고, 이불 베개, 도마 싱크대 배수구를 꺼내어 햇빛 천연 소독도 하고, 창문을 열어 환기를 하고, 재활용 분리수거를 하고, 팟캐스트도 듣고요. 슈스케 시즌6 '벗님들'이 부른 노래 「당신만이」를 무한 반복해서 듣다가 낮잠도 잤습니다. 남편이 집에 왔을 때엔 운동을 하고, 서로의 수고를 지지하는 차원으로다가 달님 스탠드 아래에서 와인과 오븐 통닭을 안주 삼아 대화도 나누었어요.

일상이 무의미하면 얼마나 마음이 힘들까요. 하지만 일상에서 의미를 찾을 수만 있다면 그런대로 하루하루 살아 있음을 감사할 수 있겠지요.

가을 하늘에서는 새털구름을 볼 수 있습니다.

높은 하늘에서만 볼 수 있는 새털구름.

투명한 햇빛 아래 나무 의자에 앉아서 눈을 감고

그냥 홀로 있음이 참 행복했습니다.

누군가와 함께여도 행복하겠지요.

나의 손을 잡아 줄 수 있는

늦은 밤 화제가 되고 있는 영화「부산행」을 보고 왔습니다. 막연하게 울컥하는 장면이 많으리라는 생각을 했었지만 영화가 끝나는 순간까지 저를 이끌고 갔던 주된 감정은 숨이 찬 답답함이었습니다.

김중혁 소설가님의 소설집「가짜 팔로 하는 포옹」의 글귀에서처럼 '지나갔다는 말을, 지나갔으니 괜찮다는 말을, 더 이상 할 수 없었고', '믿음과 희망은 너무 큰 것들'이었습니다. 실제 세월호 사건을 떠올리시는 분도 많으셨더라고요. 한없이 무너졌을 마음들-시커먼 숯처럼 이제는 재만 남았을 그 마음을 담고자 했던 연상호 감독님의 노력도 느껴졌습니다. 연출적인 부분의 아쉬움이 있었지만 마지막 장면에서 석우의 어린 딸 수안이 임신부인 성경과 손을 잡고 터널을 통과하면서 진실한 음성으로 불렀던 노래가 사람들 마음속에 잔잔한 파문을 던졌으면 합니다. 좀비와 다르게 살아 있음은 사람만이 생각할 수 있는 가치였고요. 그것이 마지막 진리처럼 다가왔습니다.

이동진 영화 평론가님께서 쓰신 '어바웃 시네마' 칼럼을 읽다 보니 한 발자국 물러난 캄캄한 어둠 속에 서 있는 느낌도 들었습니다. 문득 먼 길의 별로 떠난 사람들도 떠올리게 되데요. 계절처럼 사람과의 관계도 끝없이 순환하고 있으니까요.

그냥 만나서 사랑하고, 미워하고, 그리워하고
다시 만나서 사랑하고, 미안해하고, 그리워하고….

사랑과 우정, 막연한 소망들의 실제적인 결과나 완성보다는 과정의 진중함이 삶을 아름답게 해 줄 수 있더군요. 누구나 어느 정도의 강박증과 결벽증이 있잖아요. 그리고 더러움보다는 깨끗함이 좋고요. 청소를 하는 그 자체의 문제보다는 대개 청소하는 사람이 청소 안 하는 사람을 간섭하고 마음에 안 들어 하는 데 있습니다. 성향의 차이고 기준이 다를진대 내가 좋아서 하고, 내 마음이 시원해지면 되는데 상대에게 기대하고 바라는 마음이 문제였습니다. 내면에 일어나는 무수한 모순과 맞서 싸워야 하는 건 집 안팎의 청소뿐만 아니라 사람과의 관계에서도 마찬가지이지요. 내가 선택하고자 했던 것들로부터 결국 상처를 받게 되었지만 그 상처의 근원은 바로 나였습니다. 오해와 불신이 난무하는 세속에서의 삶으로부터 매 순간순간 자신의 마음을 청소하면서 좀 더 자유롭기를 소망해 봅니다.

| 3장 |

인연은 소다soda처럼

인연은 소다처럼
부풀었다가 굳었다가
다시 부풀어 오르는
끊임없는 설레임

그대를 대신해서

낡고 오래된
풍경 사진만
찍던 이가 말해줬다

-점점 더 쉽게
사라질 테니까
그 전에 노력해서
남겨 둬야 해-

기쁨과 슬픔의 기억들
행복했던 순간

추억은 방울방울

누군가
그대를 대신해서
아름다움을 지켜 주고 있다

사랑은 II

사랑은
내가 피곤할 때
미소 짓게 하는 것

하늘의 눈부신 햇살
햇살에 비춰진 사랑

따뜻함으로
감싸 주는
그 마음 들여다보네

편지

닳지 않는 펜이라도
닳지 않는 손이라도

그리움을 담아
우체통에 넣습니다

햇살 한 조각
소망의 비늘이 되어
바다에 닿아 있네

이번 生은

끝없이
좌절하고
절망하고
슬퍼하고

의지하고
희망하고
행복해하는

헷갈리는 인생

그러나

이번 생에서는
감사하고
자비로운
조각보

더 오래 더 가까이

음식 쓰레기통이 가득 차면
어느 순간
비워야 할 때가 온다

음식물이
가득
눌러질 대로 눌러져서
넘치면 안 되겠다 싶을 때
아파트 현관 입구
큰 음식 쓰레기통으로 가져간다

쓰레기통이라고 해서
너무 더러워지면
그 다음 버릴 때 곤란해진다

가능한 음식물을 버리고 나면
따뜻한 물에 씻는다

결국

버려질 것을
담게 되겠지만

버려질 것과 간직할 것은
따뜻함과 부딪혀야 한다

그래야
더 가까이
다가갈 수 있고

더 오래

머무를 수가 있다

화분

그냥 태어난 게 아니에요

달님 뜨면
별님 뜨고
별님 뜨면
해님 뜨고

하나의 희디희게
반짝이는 빛
어우러져
온 세상에
녹아내려요

별이 담겨진 화분을
드려도 되나요

바보처럼
웃고 있는 그대가
참 좋습니다

안부

자유 없는 세상을 향해
자유라는 이름으로
평화 없는 세상을 향해
평화라는 이름으로
사랑 없는 세상을 향해
사랑이라는 이름으로

한참 동안
소식 없이 지내다
먼저 안부를
물어 본다

덜 울고
더 웃어요

별 하나에 아름다운 말 한마디씩 불러 봅니다

지난주에 나이 드신 분으로부터 참 귀한 단어를 듣게 되었습니다.

"젊은이가 보기 좋구려. 늙지 마소."

살아오신 날보다 남은 날이 더 짧으실 어르신으로부터 듣게 되어서 그런가 불편하신 몸을 일으켜 세우시며 내뱉은 인사가 왜 그리 가슴 뭉클하던지요. 요즘 청춘들도 살기 힘들다고 하지만 일제강점기, 한국전쟁, 독재정권 등 파란만장한 한국 현대사를 함께하셨던 그 세월이 훨씬 더 견디기 힘드시지 않으셨을까 감히 짐작해 보았습니다. 실제로 내소하시는 대다수의 분들은 자신이 살아온 걸 말로는 다 못한다고 얘기하시거든요. 그래도 나라가 많이 살기 좋아져서 고맙다는 표현도 잊지 않으시더랍니다.

영화「동주」는 포스터만 봐도 가슴이 너무 아프더군요. 참나무님이 올려 주신 참회록과 자화상 낭독 동영상을 보는데 그냥 무너지더라고요. 마음이 몸을 이끈다고 할까요. 이준익 감독님의 표현대로 윤동주 시인님을 연기한 배우 강하늘 님의 음성과 눈빛은 맑은 시인의 영혼을 대신하고 있는 느낌을 강하게 받았습니다. 변명 같지만 결국 영화「동주」대신 영화「데드풀」이라는 마블히어로물을 선택했더랬습니다. 단순해지고 편해지고 싶은 내 안의 한 부분을 인정해 주리라 하면서요. 영화를 보는 내내 유쾌하지만 잔혹한 장면들도 많아 수차례 몸을 움츠리기도 했습니다.

그런데 사람은 사유나 인식의 영역에서 어떤 작용이 일어나기에 수십 명의 사람을 아무렇지도 않게 죽이기도 하고, 소중한 연인인 단 한 명을 살리기 위해 죽음을 무릅쓰고 적에게 대항하는 것인지 알 수 없었습니다. 다만 돌연변이 실험 희생양으로 괴물이 되어 버린 남자와 창녀로 살아가는 여자의 사랑은 순수하고 아름답게 보였습니다. 외로움을 아는 이들은 결국 운명론적으로 끌리는구나 하는 생각이 들었습니다.

하루하루를 살아가는 게 버거워도 자신과 비슷한 누군가가 이 세상에 있다는 것만으로도 힘이 되는 것이겠지요.

평상시 아침 출근할 때 자전거를 타고 재래시장을 통과하는데요. 지난 금요일, 때마침 화물차가 시장 길을 막고 있었습니다. 사람 한 명 겨우 지나갈 정도의 틈밖에 없었지요. 순간 자전거를 타고 지나갈 수 없겠다는 생각에 걱정이 앞서더라고요. 곧 도착할 지하철 시간에 맞출 수 없으니 속상하기도 했습니다. 그런데 그 좁은 틈 사이 저와 마주 보고 계시던 아저씨께서 자전거를 들어 올려 주셨습니다. 덕분에 틈 사이 자전거가 빠져나가게 되었습니다. 순식간에 일어난 이 작은 기적에 너무 감사하다고 인사를 드렸더니 그분께서 "별 거 아닌데…."라고 말씀하시면서 총총히 사라지셨어요.

아직은 하늘과 땅 사이가 너무 넓고,

우리 마음 안에 봄이 오지 않았지만

'별 거 아니지만 도움이 되는'

이 빛에 대한 믿음으로 함께 걸어가 보겠습니다.

이유

오년 전
집 안 화장실 앞에서
쓰러져
거동 불능이
되어 버린 할아버지

깊이 파인 주름살
검버섯이 가득한 얼굴
귀머거리
하나밖에 남지 않은 치아

'며칠 전에 사람들이 많이 와서
나를 깨끗하게 씻어줬어요'

마음을 놓아 버리면
허무하지
않는 게 없는 삶

그럼에도
놓을 수 없는 이유
언젠가는
사라질
영원한 사랑
잠시
머물다 가는 생명

간직했기에

건망증

가끔은 이 세상을
혼자 버티면서
살아가고 있다고
자만할 때가 있다

모든 사랑은
결코
혼자
이루어지지 않음에도

실은
자신이
기대지 않는 것이 아니라

이미 보이지 않게
존재하고 있는
믿음과 사랑이
자신을 지켜 주고 있음을

뼛속으로

뼛속으로 와 닿는다
그대, 고마워요

문득
뜨거운 눈시울

그대, 고마워요

호스피스 병동

살이
썩어 가고 있어도
모르고

누가
밥을 먹여 주고

누가
옷을 입혀 주는지도
모르고

사람이 보고 싶다며
울음을 터트리는 모습들

반겨 주는
눈웃음만으로도
힘겨운 한 걸음

가슴속에서
무언가
울컥 솟아나오는
까닭은

생명의 시작과 끝은
나눠진 것이
아니라는 생각

사랑으로 빚어진
그 순간부터
어쩌면
죽음을 준비해야 함을

인생이란

空에서 태어나

有로 살다가

다시 空으로 가는 여행이다

함께

그 여자

조금 더
나이 들어 보이는
그 남자

두 사람은
앞을 보지 못한다

여자는
남자의 팔을 잡고
남자는
다른 편에 지팡이를 짚고
조심스레 걸어간다

함께

서로 따뜻하길 (부모님을 바라보다가…)

부부란 평생지기
내년이면
나란히 70대 노부부

아내의 무거운 짐을
대신 들어 주시기 위해
숨이 찰 정도로 달려온 남편
두 사람의 뒷모습
참 아름답고 아련하네

잎사귀 명상 1

장마철이라서 비가 오락가락하더니 모처럼 햇볕 나는 날이었습니다. 높은 습도는 여전해서 다소 눅눅함이 있었지만 강한 햇볕에 집과 사물들을 숨 쉬게 하고 싶어 모든 창문을 열고 우산을 펼치고 젖은 운동화도 냈더랬지요.

마당에 떨어진 나무 잎사귀들을 청소하는데 바가지에 물을 담아 쓸어내렸습니다. 세게 부으면 잎사귀들이 여기저기 흩어져 버려서 다시 물을 부어야 했지요. 그래서 약하게 조심조심하며 물을 부었더니 잎사귀들이 경사가 낮은 곳으로 모여서 청소하기가 한결 수월해졌습니다.

마당 청소하면서 새삼 '정성'이라는 의미를 새겨 보았습니다.

국어사전에 정성은 '온갖 힘을 다하려는 참되고 성실한 마음'이라고 설명되어 있습니다. 저는 다르게 느낌이 오더라고요. 순하고 부드럽게 마음을 쓰는 일-그러다 보면 만사가 편안해질 텐데 말입니다.

사람과의 관계도 마당 청소할 때처럼 집중해서 순하고 부드러운 마음으로 대할 수 있다면 오해하고 미워할 것도 없으리라는 생각을 했습니다.

일이든 사람이든 정성스럽게 대해야겠습니다.

잎사귀 명상 2

어디에 있느냐보다는
어떻게 사느냐가
더 중요하다는 생각을 했습니다
대저택을 소유하고 있어도
마음이나 주변이 맑지 못하면
작은 단칸방보다 못합니다

길어 내는 물

사람의 품은 뜻은
깊은 물과도 같아서
분별력 있는 사람은
그것을 길어 냅니다

억울하고
슬프고
답답하고
괴롭고

닫혀 있는 마음으로
내딛지 마요

사랑은
고여 있는 물이 아니라

매 순간

생명처럼
길어 내야 하는 물입니다

굴광성

생명이 빛을 향한다면
죽음도 빛을 향해 나아가기를

봄비

촉촉이 내리는 봄비
작게 꾸며 놓은 창가
텃밭의 식물들
잎사귀에 맺힌 물방울
가슴에 닿아
잔잔히 퍼지네

아끼는 것들을
아낌없이
나누고 싶은 情

봄봄

봄 햇살이 할머니의 웃음처럼 반짝인다

누군가에게는

하늘과 햇빛
바람을
느끼면서

걸어가고
그러다가
잠시
쉬어 갈 수도 있는 일

누군가에게는
쉽지만은 않은 일

하루하루
부딪치면서
살아가는
모든 행복과 불행

축복으로
받아들일 수 있는
그대가 되었으면

사랑의 완성

그대를
아프게 하는 사람이
그대를
가르치는 사람이었습니다

죽지 않을 만큼

기다림의 시간이 지나고
그리움의 시간이 지나면

굳센 사랑이
완성됩니다

빙긋이 웃어요

며칠 전 함께 일하고 있는 선생님들에게 추천받은 영화「7번방의 선물」을 보고 왔습니다. 영화를 보는 내내 함석헌 선생님의 시가 생각났습니다.「그 사람을 그대는 가졌는가」에서 가슴 깊숙하게 스며든 화두는 오랫동안 제게 머무를 것 같아서요.

너무 많이 울어서 영화관을 나올 때 머리가 아플 정도였지만 그 긴 여운을 마음으로 나눌 수 있으면 좋겠다 싶어서 몇 글자 남겨 봅니다.

생각을 많이 해서 그럴 수도 있겠지만 그리 가볍게 느껴지지만은 않았던 이야기였습니다. 억울한 누명을 쓰고 사형된 지적 장애인의 내용이었는데 너무 가슴이 아팠습니다.

아직 우리나라는 사형 제도가 폐지되지 않았답니다.

전 세계의 추세를 보면 사형 제도는 점점 폐지되고 있다는데 법륜스님의 강연을 들으면서 극악무도한 죄인조차도 인권이 있고, 단 한 명의 억울한 사람을 위해서는 정말 사형 제도가 폐지되는 게 맞구나 싶었지요. 소설「우리들의 행복한 시간」도 새삼 떠올려 보고요.

사실 사람이 사람을 평가한다는 게 얼마나 조심스럽고 무서운 일일

런지요. 최근 일을 통해서 만나게 되었던 한 할머니로부터 가슴 아픈 사연을 들었습니다. 할머니의 아들은 지적 장애 2급으로 오래전에 실종된 적이 있으셨대요.

한 달 만에 아들을 찾게 되셨는데 장소가 다름 아닌 교도소였다는군요. 아들은 혼자서 집을 나간 뒤 여기저기를 다니다가 서점에 들어가게 되었습니다. 서점에서 책을 읽다가 책을 계산하지 않은 채 가게를 나서는 바람에 도둑으로 인정되었고 결국 경찰에게 붙잡히게 되었습니다. 마침 주민등록증이나 자신의 신원을 확인할 만한 정보가 없어서 그대로 실형 처리 되어 버렸고, 평생의 낙인처럼 빨간 줄이 생겼다고 하네요. 세심하지 못했던 행정 처리에 분노하며 울분을 토하시는 할머니가 안쓰러웠고, 한편으로는 세상의 비정함과 무심함이 안타까웠습니다.

정신적으로 불편한 사람은 몇 가지 질문을 통해서도 대충 직감할 수 있을 것인데 말입니다. 우리가 살면서 알게 모르게 범하는 오류는 얼마나 많을까요. 믿을 수 없는 실화들-누군가에게는 지나가 버린 아주 오래전 일이겠지만 누군가에게는 그것이 현재일 때도 있었습니다.

사랑이 일상이 되고 일상에서 쌓여 가는 믿음이 곧 修行이겠죠. 사람으로서 마지막까지 지켜야 할 소중한 가치는 생명에 대한 존중과 감사함이었습니다.

이와 같음

우리가
아무리
멀리 떨어져 있어도

진정한 우정은
끊임없이
두터워진다는 것을

나는
배우고 있습니다

사랑도
이와 같다는 것을

나눔

구두가 없어서
불편할 때는
다리가 없는
사람을 생각하라-

철강왕 카네기가
극심한 경제 불황 시기에
자살하려고
마음먹은 순간
연필 파는
사람의 미소를 통해
희망을 가졌다네요

아주 작은 글씨로
쓰여진
글귀가
마음에 와 닿습니다

'꽃을 그냥 보지 마라
꽃처럼 웃으며 감상하라'

좋은 것은

그대와
늘
함께 나누고 싶어요

기꺼운 마음으로
받아 주세요

세상에 떠다니던 모든 간절한 것들

인연은 놀라운 은혜라는 생각을 할 때가 있었습니다. 막연하게 시작되었던 설렘은 기다림이 되었고요. 그 기다림의 끝에 만남의 꿈이 이루어져 있었습니다.

일만 하던 일상을 벗어나 모처럼 단기 여행을 계획했었는데요. 국내 여행지 어디를 갈까 고민하다가 선택한 곳이 전주 한옥마을이었습니다. 이미 다녀왔던 지인으로부터 얘기를 들으니 주말에는 사람이 워낙 많아서 한옥의 풍경을 고즈넉하게 감상하기에는 무리가 있다더라고요. 언제나 희소성에 대한 가치가 높았던지라 전주 한옥마을은 이미 그 가치가 사라지고 있는 건 아닐까 하는 생각도 했더랬습니다. 다만 오래전부터 온라인 인연으로 맺어진 심귀옥 작가님을 한번 뵐 수도 있을 거라는 기대감이 생기더군요. 부산에 오셔서 귀한 작품들을 챙겨 주실 때마다 고마움 반, 미안함 반이었지요.

전주 한옥마을은 터미널에서는 약간의 거리가 있었지만 워낙 전국적인 명소이다 보니까 찾기는 쉬웠답니다. 도착했을 때는 이미 해가 저물어 가게들이 군데군데 조명등을 밝히고 있었습니다. 연휴에다가 광복절 기념행사인지 입구 문턱에는 세월호 실종자와 위안부 할머니들을 위한 작은 콘서트를 하고 있었어요. 노란색을 볼 때마다 괜스레 가슴이 짠해지기도 했습니다.

다른 한편에서는 먹거리 경쟁을 하는 야시장처럼 닭꼬치 세상이었습니다. 일본 애니메이션 「센과 치히로의 행방불명」에서였던가요. 센의 부모님이 먹을 것을 잔뜩 먹다가 돼지로 변해 버리는 장면이 떠올랐습니다. 전주라는 지역적인 느낌을 살린 먹거리가 적당하게 있으려면 좋으련만 온통 줄을 서서 닭꼬치를 먹는 풍경들은 예쁘게 보이지는 않더라고요.

그럼에도 불구하고 왜 그토록 사람들이 전주 한옥마을을 찾는지에 대한 이유를 조금은 알 수 있었습니다.

전주 한옥마을 예술가들이 만든 지도가 있는데, 그 지도에 나타난 골목길을 따라가 보니 '貴작업실'이 있었습니다.

이외수 선생님 홈페이지에서 '나홀로작가님'이라는 닉네임을 쓰시다가 최근에는 '나작가'로 바꾸신 심귀옥 공예가님을 그곳에서 만났습니다. 작품이 주는 기운이 맑고 포근하고요. 무엇보다 행복 전도사나 문화 전도사처럼 작품 이야기를 하실 때의 표정은 진정 자신이 하는 일에 대한 품위와 기쁨이 느껴지셨답니다.

그것을 알아주는 사람에게는 천사로, 그것을 몰라주는 사람에게는 악마로 변하신다는 말씀도 하셨습니다.

작품 구입에 적극적으로 임했습니다. 전주 한옥마을 한 바퀴를 둘러봤지만 심귀옥 작가님의 작품이 개인적으로 제일 인상적이고 좋았습니다. 골목길에 사람들이 드물게 찾아오고 있었는데, 중심가보다는 조용한 분위기가 더 운치 있긴 했습니다.

밥벌이의 숭고함을 압니다. 먹고 사는 일에는 우선순위가 없어 문화를 사고판다는 행위도 중요하지만 기준도 있어야 하는데 말입니다.

예스러움을 지켜 나가는 노력보다는 공산품이 넘쳐 나고, 먹거리가 넘쳐 나고, 세탁되지 않는 한복은 돈 주고 대여되고, 낡은 한옥들은 숙박시설로 변해 버려서 안타까움도 있데요. 세상에서 제일 아름다운 술은 예술이라는 믿음으로 전주 한옥마을이 좀 더 멋스런 동네가 되기를 소망해 봅니다.

……

세상에 떠다니던 모든 간절한 것들은 결국 만나게 됩니다.

박꽃

하루를 보내며

아름다운
진심을
나눌 수 있는
정겨움

보이는 곳에서
배려하는
친밀함

보이지
않는 곳에서
맑은 기운을
듬뿍 주시는
그대

어두운 밤
환히 밝혀져

낮보다 더 아름답게

빛나는 꽃

마음공부

나보다 더 피곤하고
나보다 더 갈 길이 멀고
나보다 더 해야 할 일들이 많고

내가 바라는 게 많고
내가 원하는 게 많고
내가 부족한 게 많으니

쓸쓸할 것도 없고
그 순간의 마음길이
닿았음을

질문

하나에 몰입되기 위해
얼마나 생을 더 사랑해야 할까요

꿈밥

새벽에 일어나 쌀을 씻습니다
밥 짓는 소리는 언제 들어도 정겹습니다
행여 남편이 깰까 봐 큰 방 문을 살며시 닫아 둡니다

뜸이 돌아가는 소리
칙칙폭폭 칙칙폭폭
어느새 주방에는 기차가 지나갑니다

기차가 정차한 주방역-
눈을 잠시 감고 있으면
풀밭 위의 아침식사 상이 차려져 있습니다

남편이 눈을 비비며 일어나고
세수를 하고선 식탁에 앉습니다
마주하면서 밥을 먹는 그 순간엔
둘이 아니라 하나가 됩니다

머리를 쓰다듬는 남편
방싯- 웃음 짓는 아내

부부는 매일 아침밥을 함께 먹습니다
어제도… 오늘도… 내일도…

꿈밥을 함께 먹습니다

마음속의 이상형

사랑도 그러하듯
백지 위에
내가 바라는 대로
그리고선

그려진 그림이
실제와 다르다며
실망하고
아파하고
두려워했습니다

한 사람의 삶을
바로잡고자 하는 열망
그것만큼
치명적인 것은
없었습니다

나조차도
이상적인 사람이

되지 못하면서

누구에게 원했던 것일까요

이젠

참된 것
고상한 것
옳은 것
순결한 것
사랑스러운 것을

마음속에 품는 일
그 말씀과
가까워지고 싶습니다

그들의 심장에 꽃이 필 수는 없을까

영화 「드래곤 길들이기2」를 보면서 계속 이스라엘과 팔레스타인의 비극적 상황이 떠올랐습니다. 드래곤 마스터 히컵과 같은 인물이 실제 존재하여 현재의 극에 치닫고 있는 가자지구의 상황을 중재할 수는 없을런지요.

히컵은 아버지의 죽음을 슬퍼할 새도 없이 버크섬을 지키기 위해 고군분투하더군요. 인상적이었던 부분은 드라고라는 악당을 끝까지 쫓아가서 복수하기보다는 그냥 혼내 주고 마는 장면이었습니다.

'정의를 지키기 위한 정의로움이 있어야 하고, 착한 것을 지키려면 착한 것을 지킬 독한 것이 있어야 한다'는 전우익 선생님의 말씀처럼 히컵의 절제된 용기가 부러웠습니다. '누가 먼저 잘못을 시작했는가'라고 파고들어 가기 시작하면 정말 끝없는 싸움이 되지 않을까요. 역사적인 진실을 자세히 알 수는 없었기에 그간 드러난 증언들과 기록들을 살펴보았습니다.

이스라엘과 팔레스타인인의 문제는 단순히 종교적인 이념을 넘어선 그 '무엇'이 너무나 많더라고요. 너무 많은 사람들이 죽고 있습니다. 너무 가슴이 아픕니다.

부디 그들의 심장에 총과 칼이 아닌 꽃이 피기를. _()_

평실씨

스무 살 겨우 넘은 나이에
주유소 사고로
4도 화상을 입었던 평실씨
그녀를 보면서 펑펑 울었습니다
그녀가 너무 아름다워서
눈물을 하염없이 흘렸습니다
30년 의상실을 하면서
생계를 유지했다는데
지역사회 간호사 겨우 10년 해 놓고선
다른 일을 집적거리는
내 자신이 부끄러웠습니다
오늘 받은 보석 같은 가르침대로
열심히
신나게
아름답게 한 세상 살아 보겠습니다
평실씨
잊을 수 없는 나의 스승님
고맙습니다

사랑을 주면 당신 삶에

'개와 꽃과 친구가 있는 날'도 아닌데 별이 하는 일인지 내가 하는 일인지 알 수 없지만 나의 몸이든 마음이든 상태가 좋을 때, 내가 사랑하는 사람을 꾸준히 지켜 나가려는 노력이 중요하다는 생각을 하게 됩니다. 살아 있는 게 너무 아파 몸을 가누기 힘들어도 꿋꿋이 삶 그 자체를 버티는 사람의 뒷모습에선 야윈 슬픔의 어깨가 보이거든요. 그 사람의 가슴이 외로움과 우울함, 슬픔과 공허함으로 서걱거리고 있다는 걸 느낀답니다. 아마 고독해지고 우주를 바라보는 시간이 많아질수록 사람과 세상에 대한 질문을 품었겠지요.

흔들리는 만큼 아파하고 아파하는 만큼 사랑받고 싶었을 것입니다. 다만 지나간 기억을 추억할 때 두려움과 공포를 극복해야 하는 마음속 풍경은 결국 스스로가 그려 나가야 함이 중요하더라고요.

얼마 전 방송 프로그램 '비밀독서단2'에서 은희경 작가님이 나오신 것을 봤는데 무척이나 인상적이었습니다. 은희경 작가님의 소설 「새의 선물」과 「마이너리그」는 읽었지만 「태연한 인생」은 읽지 못했었거든요. 방송 내용을 듣다가 등장인물 '류'에 대해 이야기하는 부분에서 무척 가슴이 먹먹해지고 울컥해지는 경험을 했습니다.

'고통의 세계와 고독의 세계에서 어디를 선택할 것인가?'라는 다소 무거운 질문일 수도 있었는데요.

부모의 아픔을 바라보면서 고통과 고독이 다르지 않음을 일찌감치 알게 된 그녀의 선택이 이해되기도 했습니다. 사람은 고통 속에서 고독할 수도 있고 고독 속에서 고통스러울 수도 있는 존재니까요.

그럼에도 불구하고 은희경 작가님의 말씀대로 '고독의 연대와 인정'을 통해서 사람은 덜 힘들 수도 있구나 위로받으니 다행스런 마음도 들더랍니다.

그러고 보면 그동안 스스로의 착각 속에 살며 듣고 싶은 말만 선택해서 들었는지도 모르겠습니다.

가끔 뜻하지 않은 사건을 경험하며 지혜롭게 대처하지 못했을 때 뒤늦게 깨닫곤 했지요. 나의 선택과 결정들이 후회도 되고 아쉬움도 있지만 그 결정에 대한 대가로서 스스로를 힘들게 해서는 안 된다는 생각이 들었습니다. 비록 큰 짐을 안게 되었지만 그럴수록 자신을 방패처럼 보호해 주는 것도 필요하데요.

매일 아침 시간, 지하철에서 클라인펠터증후군을 앓고 있는 여성과 마주칩니다. 옷차림이 단정한 그녀를 볼 때마다 무수하게 아픈 기억들을 간직하고서도 삶을 이어 가게 하는 건 시들지 않는 내면의 꽃이 있기 때문은 아닐까 하는 생각을 했습니다.

그대 덕분에 이제는 즐거이 노래를 부릅니다. 그리고 당신이 곤궁할 때 힘이 되고 싶었습니다.

| 4장 |

아름다운 마음 하나

소박하게…

아름다운 마음 하나

곱게 간직할 수 있기를

마음의 고향

정붙이고 살면 그기 고향이제
별거 있나-

아직은 잘

하느님
부모님
형제
친구
동료
이웃

언제 즈음이면

나만의 언어로
나만의 영혼으로
나만의 꿈으로
나만의 생각으로

그대들
마음을
쉬게 할 수 있을까

지나가는 동안

오랜만에 들렀더니 '당밤 미술관'에 새로운 그림들이 많이 있네요. 지난주 서점에 들러서 산 그림책은 얼마 전에 서로이웃 신청을 한 '레스 카페님'의 「나를 위한 하루 그림」이었습니다. 말이 없는 그림을 하루 종일 보고 있어도 지루하지 않은 시절. 말이 난무하는 세상에 살고 있어서 그런가 오히려 말이 없음이 더 마음에 와 닿을 때도 있더라고요. 동적인 것보다 정적인 것이 위로와 휴식을 주기도 한답니다.

비가 오던 시기를 지나서 모처럼 햇볕이 참 좋다 싶었더니 강변 산책로에는 철쭉들이 만개해 있었습니다. 하이얀 색의 철쭉들이 모여 있는 모습은 그야말로 순백의 신부 드레스 같기도 하고 바라보고만 있어도 싫증 나지 않을 풍경들이네요.

사람들도 자전거를 타고, 손을 잡고 데이트를 하고, 짧은 소매를 입은 여인들은 도란도란 얘기도 나누면서 걸어갑니다. 아이들은 뭐가 그리 신나는지 깔깔거리는 웃음소리가 무척 크게 들렸어요.

햇볕 냄새도 좋지만 사람 냄새도 좋다는 생각을 했습니다. 최근에는 일이 밀려와 사무실에서 나가지 못했는데 말입니다. 습관처럼 반복되는 업무를 보다가 제 자신을 위로하는 요소들은 무엇일까 찾아봤지요.

죽음학 강연을 다니시는 정현채 교수님의 말씀대로 삶은 로맨스, 낭만, 예술, 이런 것들이 중요한 것인지도 모르겠습니다.

그래서 간만에 찾아온 여유로운 주말에 선택한 것이 영화 관람이었습니다. 일 년 전부터 홍보를 했던 마블 액션 장르의 영화 「어벤저스2」를 봤어요.

러닝타임이 길어서 보는 게 지루하지 않을까 했던 기대와는 달리 시간이 잘 가더군요. 서울 촬영신이나 한국 배우의 등장은 나름 우리나라에서 이슈화되었지만 그 자체가 눈에 잘 들어오지는 않았습니다.

오히려 시종일관 분노게이지 상승하면 천방지축으로 뛰어다니는 녹색 영웅이자 괴물인 '헐크'가 인상적이었습니다. 물론 그래픽 디자인 기술이 있었겠지만 다른 영웅들은 오히려 뒤처지거나 액션신이 둔해 보여서 조금 힘겨움이 느껴지기도 했어요.

헐크를 보노라면 어제 치매 관련 슬로건 자료를 찾다가 발견한 문구가 떠오르데요. '행복한 마음은 건강의 주인입니다.' 헐크가 마음이 행복했다면 저런 모습으로 다닐 수는 없을 거야….

누군가를 미워하거나 증오하는 씨앗에 조금만 물을 준다면 순식간에 헐크 식물로 자라 버리는 게 사람이란 존재잖아요. 누구의 마음에나 평온한 배너 박사와 분노한 배너 박사가 있겠지요. 다만 자신이 무엇을 선택하는가에 따라서 드러나는 얼굴도 달라질 것입니다. 영화가 끝날 때까지 제 마음속에 네 글자가 계속 맴돌았습니다.

'극기복례'. 나를 이겨서 '예禮'로 돌아가는 것. 제 이번 생의 숙제가 아닐까 싶어서요. 영화를 보기 전까지 약간의 불편했던 마음도 어쩌면 내 안의 불같은 성질을 못 이겨 드러나는 것은 아닐런지 반성하게 되데요.

얼마 전부터 함께 일하고 있는 선생님은 혼자서 식사하는 다른 직장 동료가 마음에 쓰여서 시나브로 자신의 시간과 정성을 들여 챙기시던데 말입니다.

진심이 느껴지는 그녀의 표정에 괜스레 숙연해지기도 했습니다. 자연스레 상대를 걱정하고 아끼는 사람이야말로 우리들 사이사이에 있는 작은 영웅이겠구나 하는 생각이 들었습니다. 잘 만들어진 문화적인 콘텐츠에서도 느낄 수 있는 것을 소소한 일상에서도 발견할 수 있다면 그것 또한 삶의 의미이자 재미일 테니까요. 영혼과 심장이 있는 사람들 덕분에 세상 살맛 나는 날입니다.

잔소리

“사람도 착하기만 해서는 안 됩니다. 착함을 지킬 독한 것을 가질 필요가 있어요. 마치 덜 익은 과실이 자기를 따 먹는 사람에게 무서운 병을 안기듯이”

- 전우익, 「혼자만 잘 살믄 무슨 재민겨」 中에서

참함을
지킬 수 있는 것
함께 살아가는
참 뜻
참 지혜입니다

남자의 일생

어제도 일
오늘도 일
내일도 일
평생을 밖에서
살아야 하는
남자의 자격

언제까지 해야 하나
어디서 해야 하나
무엇을 해야 하나

자격과 책임으로
허리 굽은 나이까지
쓸쓸하게
일만 하는
남자의 일생

남자라서
울 수도 없어
대신 우네

그대를 지키려면

세상을
살아가다 보면
흐린 샘물이나
굽은 나무는
어디에나 있습니다

부디
두터운
믿음과 사랑으로
그대를 지켜요

세월이 흐를수록

길이 없다고
생각했고
길이 보이지 않아

더욱
마음의 문을
굳게 닫았던 시절이
있었습니다

하지만
가장 깊은 곳에
숨어 있고

진정으로
바랐던 건

그대와
그대가 사는 세상을
향한

그리움이었습니다
세월이 흐를수록

마음과
마음 사이의 길은
더욱 뚜렷해지네요

평화란

함께(平)
음식을 나눠 먹는 것(和)

그대와 나를
구분하지 않고

온몸과
마음을 다해
스스로를
유지하는 일

길은 돌담을 끼고 가지만

매월 마지막 주 화요일마다 치매 가족 모임을 하고 있습니다. 가족들의 사례를 나누고 정서적인 교감도 하는 친목적 성향이 강하지만 정작 본인 이외에는 치매 환자를 돌봐 줄 수 있는 상황이 아니라서 참석이 어려운 경우가 많답니다. 행여 참석하시게 되는 분들은 환자가 자는 동안이나, 간병인에게 부탁을 하고 잠시 오시게 되는 것이지요.

처음 시작했을 때에는 강사가 강의를 진행하는 방식을 선택했으나 반응이 좋지 않았습니다. 우리네 인생이 그러하듯 이론적인 내용과 실제 상황은 너무 차이가 나다 보니 강의하는 중간에도 그것은 책에서나 있는 얘기라고 분통을 터뜨리는 분도 계셨습니다. 그래서 두 번 진행하는 동안에는 강사를 섭외하다가 이번에는 담당자의 주관으로 서로의 상황을 이야기하는 형식으로 진행해 보았습니다.

치매는 약이 있다고 하더라도 기억 장애, 인지 장애, 언어 장애 등 복합적인 증후군이므로 증세가 악화될수록 가족들의 갈등과 고통은 깊어지고 있었습니다. 영화 「스틸 앨리스」에서도 주인공 역인 줄리안 무어가 끊임없이 기억을 기록하지만 마지막에는 그 기록조차 잊어버리고 마니까요.

실제 '스틸'이라는 단어가 '아직도still'라는 의미보다는 '훔치다steal'

라는 의미로 생각되더랍니다. 치매가 결국 삶의 한 조각 한 조각을 훔쳐 가는 질환이 아닐런지요. 곁에 있는 사람도 서서히 전이되어 우울증이나 스트레스 지수도 매우 심한 편이었습니다.

한 70대 초반의 남자 분은 아내가 치매를 앓고 있는 이야기를 담담하게 털어놓으셨습니다. 혼자서는 힘이 들어 간병인을 의뢰했고, 자신과 교대해서 아내를 돌보니까 수월하기도 하지만 워낙 반복적인 질문과 답변을 하다 보니 피곤하고 지쳐 간다고 말씀하시더군요.

일분, 일초 돌아서면 다시 자신을 부여잡고 사람을 못살게 해서 힘들다면서요. 밥을 먹이고, 치우고, 집 나가면 길을 잃어버릴까 봐 노심초사하는 이런저런 상황에 대한 이야기를 아주 자연스레 한참을 이어 가셨습니다. 그간의 속사정은 말로 다 하지 못하겠지만 기회가 있을 때마다 풀어놓고 싶으셨던가 봅니다. 이야기를 마치신 뒤에 조용히 상담을 진행하는 선생님이 질문을 던졌습니다.

"자식들이 점점 연로해지시는 아버지 생각도 하고, 본인도 그렇게 힘들다고 하는데 병원에라도 보내시는 건 어떠신가요?"

"……."

그토록 말씀을 잘하시던 분이 갑작스레 입을 꾹 다무셨습니다. 그리고 한 이삼 초간 간격을 두시다가 울음을 삼키며 말을 이어 가셨어요.

"차마 그렇게는 안 되네요… 차마…."

이보다 절절한 고백이 있을까 하는 생각이 들었습니다. 경청하고 있다가 마침내 눈물이 걷잡을 수 없이 흐르는 것이었어요. 무작정 드러나는 슬픔보다 더 슬픈 게 있더라고요.

그것은 참고 또 참다가 더 이상 참을 수 없을 때의 슬픔이었습니다. 마치 나무가 한 해 두 해 세월을 보내면서 자신을 둘러싼 보호대를 무너뜨리면서 하늘을 향해 가는 것처럼 감정적인 안전장치를 모두 해제해 버린 듯한 모습이었습니다.

웃는 것도 사치고, 잠깐 보는 사람이나 안타까워할까. 하루하루가 전쟁인데 뭐가 그리 울 일인가라며 소리치던 당당함 뒤에 진실로 진실로 아파하는 사랑의 그림자가 있었습니다. 누군가의 말씀처럼 죽기 위해 살아간다고 오늘이 마지막인 것처럼 살고 계셨어요. 그럼에도 불구하고 나의 맨얼굴의 모습을 사랑하는 사람을 만났다는 것도 축복이려니 감사 인사로 마무리할 수 있었습니다.

어제 본 영화「하늘을 걷는 남자」는 필리페 페팃이라는 실존 인물에 대한 내용이었습니다.

400미터가 넘는 높이의 빌딩 사이를 줄 하나에 의지해서 건너는 곡예사가 나오는데, 예전 건물 유리창을 닦으시던 지인인 '천애객님'도 잠시 떠올랐습니다.

영화 속 주인공인 필립은 세상 사람들이 미쳤다고 손가락질을 할 때에도 묵묵히 6년 동안 준비했던 철저함과 끈기, 물론 도와주는 친구들도 있었지만 자신에 대한 절대적인 믿음과 노력으로 꿈을 이룰 수 있었습니다. 마지막 장면에서 필립이 경찰에게 줄이 너무 팽팽하면 사람이 다칠 수 있다고 말을 하는데 순간 몰입하게 되데요. 어쩌면 우리가 인생에서 마주하는 일이나 인간관계가 잘 안 되는 이유는 그것을 너무 팽팽하게 붙잡고 있어서는 아닐런지요. 조금만 느슨하고 유연하게 조절할 수 있다면 당장 완성형이 아니더라도 여여如如함으로 삶을 유지할 수 있으리라 바라보았습니다.

햇볕이 참 좋아 한참을 걸었습니다.

약자를 대하는 태도

강자에게 약하고 약자에게 강한 사람이 있는가 하면 강자에게 강하고 약자에게 약한 사람이 있다고 하지요. 전자 같은 경우를 만나면 화도 나고 속상하지만 방조하게 될 때가 많습니다. 후자 같은 경우를 보면 제가 그러하지 못하기에 '용기 있다, 대단하다, 정의롭다'라는 평가를 하게 되고요.

인간의 생물학적 특성상 스트레스를 받게 되거나 자신의 위치가 불리하면 본능적으로 약자를 가해한다고 해요. 말이든 몸이든 상처를 받게 되는 건 결국 약자입니다. 우리 사회가 적당히 비겁해야 살아갈 수 있는 구조이다 보니 현실과 타협할 수밖에 없지만 아직 인정할 수 없는 부분도 있습니다.

인간은 불완전하고 나약하지만 그럼에도 불구하고 마리너스 수사님처럼 자신의 목숨을 걸고 여러 사람을 구하기도 하고 세월호 사건에서도 다른 사람의 생명을 구하고 자신을 버린 승무원과 학생들이 있었지요. 인간이란 종을 유지시키는 본능이 이기심이라면, 그것을 뛰어넘는 건 도덕과 양심, 이타심이 아닐런지요. 사회적 약자를 정하는 기준과 관점은 다를 수 있겠지만 도움이 필요한 상황에 대한 관심은 계속 가질 수 있을 겁니다. 자기 처지에 맞게 도움을 줄 수도 있고 못 줄 수도 있습니다. 다만 약자를 가엽게 여기는 마음은 가질 수 있겠지요. 그 마음을 예수님과 부처님은 사랑이라고 하셨던 가 봅니다.

비 오던 밤의 시간이 지나고
비 개인 낮의 시간이 돌아왔습니다
내가 사랑하는 사람들의 안부를 조용히 묻습니다

모두 평화롭기를…. _()_

시처럼

그냥
그 시절의 소중함
간직하고
함께할 수 없을
앞으로의 시간들
가꾸어 가요

미움이나
원망
아쉬움
그리움까지도
물처럼
흘려보내요

시처럼 만나
시처럼 사랑하고
시처럼 헤어져요

이젠 안녕!

엉뚱한 상상

드문드문
덩그러니
주인을
기다리는 책상들

사람들의 소통도
정지되어 있는데

사물들은
사람이
모르는
소통을 하고 있다

지하철 2호선에서

친구와 전화 통화를 하는데
소음이 점점 더 심해집니다
서로의 말을 알아듣기 힘들어요
나중에 다시 연락하겠노라고
기약을 했습니다

소음은
말을 방해할 수는 있어도
마음을 방해할 수는 없습니다

바람의 소리

가장
큰 아픔은
그대와의 이별
가장
큰 기쁨은
그대와의 만남

밤의 두려움도
잠시

별보다
빛나는 건
나보다 더
나를
사랑하는
그대 마음

나지막이 들리는
밤바람 소리
'그대가 참 이쁘다…'

그대로의 모습도

달맞이 고개를
넘어가는 길

꽃잎이
길가에
무수히 떨어져
꽃비가 내린 것처럼

그냥
그대로의 모습도
아름답더라

서로의 삶을 맞바꾼 듯

내면에 깊숙이 숨어 있던 사연들을 저마다 하나씩 꺼내 보면 물방울이 하늘에서 떨어지는 순간처럼 그 고유함을 그대로 간직하기도 하고, 땅에 닿는 물방울처럼 자취만 남아 있기도 합니다. 어떻게 보면 살아간다는 것 자체가 기적이지요. 침전물로 다가오는 우울한 그림자는 결국 삶을 바닥까지 가게 합니다. 하지만 돌이켜보면 아파했기에 사랑이었고, 눈물겹기에 예술이었습니다. 그리고 힘들수록 아픈 사람의 행복을 위해 누군가는 절실하게 자신의 아픔을 감추어 둔 채 흩어진 삶을 연주하고 있더라고요.

지난주에는 60년 동안 소아마비를 앓고 있어 평상시 한쪽이 기울어진 채 다니시는 분을 만났습니다. 그녀는 현재까지 이어지고 있는 가정폭력과 어린 시절 학교 폭력에 대한 기억, 남편으로부터의 구타, 맞기 싫어서 도망치다가 아이들은 옥상에서 떨어졌다는 이야기를 한참 동안 말씀하셨지요.

그토록 강력한 인식과 선명한 기억들을 가진 채 인사하는 그녀를 한동안 잊을 수 없을 것 같아서요. 몸이 인식보다 강하다면 과연 그녀가 지금까지 버틸 수 있었을까 하는 생각이 들었습니다. 오직 생명력과 정신력으로 버틴 세월이 얼마나 고단했을지 조금은 헤아릴 수 있었답니다. 60년 동안 짓눌렸던 병마로 비틀어진 팔과 다리가, 그분의 살아온 인생 전체가 한쪽으로 기울어진 몸과 참 많이 닮아 있어 명치끝이 아려왔습니다. 자식들에게 아무것도 해 줄 수 없다고 울먹이셔서 지금보다 덜 아프고 자신감 있게 살려고 노력하는 길이 자녀들을 위해 할 수 있는 방법이라고 말씀드렸습니다.

영화 「아가씨」를 봤는데요. 두 주인공 히데코와 숙희가 서로의 사랑을 확인하고, 生의 변화를 위해 용기 있게 시도하는 모습이 감동적이었습니다. 마지막 장면에서는 위험을 무릅쓰고 그것을 이루어 낸 대견함과 안도감도 느껴지더랍니다. 지나온 세월의 가식과 위선을 넘어섰을 때, 진정한 기쁨과 행복이 있다는 희망을 주는 내용이었습니다.

후견인 코우즈키가 어린 히데코를 때리던 구슬이 그녀들이 가장 자유로운 순간에서 사용되었을 때는 가슴 뭉클하기도 했어요. 폭력과 강제로부터의 벗어난 자유…. 그것이 비록 비틀리고 세상으로부터 이해받을 수 없는 형태라도 삶의 마지막 순간까지 지켜 내고 싶은 가치니까요.

사람들이 자극을 자극으로 받지 않고
잊어버렸던 노래를 불러 보면 좋겠습니다.

공원 숲속 길에서

참 좋구나
너와 나의 목소리로
두런두런
가슴에 마련한
깊은 산속 옹달샘

마음과 마음으로
심은 나무가
숲이 되는 날까지

사랑하다
그리워하다
다시 만나리

산마로의 화답시

"좋아, 좋아!"
째깍째깍
박수 치며
도리도리
고개 흔들며

숲의 가슴에 대고
외쳐 댄
우리말에
산이 매미 소리로
"나도 좋아, 좋아!" 외쳐 대네

너와 나,
숲이 한마음으로 소리쳤네

사랑스런 추억

은은한 조명등 아래
잠시 동안
추억의 시간들을
떠올려 본다

친구를 짝사랑했던
대학 동기는
기타리스트가 되어
독일로 유학을 갔다는
소식이 들리고

시골의 고등학교로
발령받아
교편을 잡았다는
어느 친구 얘기도 나누었지

추억은
사랑으로 가는 비상구
오늘도 나를
포근하게 안아 주네

풀꽃 같은

모든 인연들이
참 귀하고 아름답다

인연因緣이란
만나고 싶다고
만나지는 것도 아니고
잊혀지고 싶다고
잊혀지는 게 아니기 때문에

나를 아프게 한 사람들도
나를 기쁘게 한 사람들도

모두
풀꽃 같은 사람들

종소리

추운 겨울에도
장갑을 안 끼고
맨손으로
종을 치는 사람이 있었다

이웃들이
장갑을 사드려도
안 끼셨다

종지기의 한마디
-장갑을 끼고 종을 치면
가난한 사람들에게
종소리가 안 갈 것 같아-

바람이 먼저 하늘을 스쳐 가지만

잔잔한 수면 위에 던져진 돌 하나 때문에 영화 「브루클린」을 보게 되었습니다. 주인공 에일리스라는 여인의 성장에 대한 이야기였어요. 이동진 영화 평론가님께서는 '수처작주隨處作主 입처개진立處皆眞'이라고 머무는 곳마다 주인이 되는 삶을 강조하셨답니다.

사실 익숙한 것과 이별을 해야만 성장하고 성취할 수 있다는 믿음은 '나만 몰랐던 이야기'였습니다.

사람은 익숙함 속에서도 새로움을 찾아야 하고, 그나마 세상과 타협이라도 해야 안정과 성찰을 할 수 있기도 하잖아요. 수많은 착각과 오류 속에서도 시간은 흐르고 계속되는 게 삶이랍니다.

하지만 결국에는 슬픔도, 절망도, 방황도, 지나간 것들 모두 '그리움'이라는 이름으로 남게 되었습니다. 에일리스 언니의 죽음을 보면서 같이 울었고, 고향을 떠나온 이주 노동자가 부르는 아일랜드 민요를 들으면서 울었습니다.

가장 인상적이었던 대사는 에일리스의 언니 로즈가 너를 위해서는 무엇이든 사 줄 수 있지만 '미래'는 사 줄 수 없다고 얘기하는 부분이었습니다. 나만 사랑하는 것과 나를 사랑하는 것의 차이가 있더라고요.

아름다운 미래를 만들어 가는 일은 자기 존중과도 연결되었습니다.

구맹주산狗猛酒酸이라는 고사성어가 있습니다.

전국시대 송나라에 넉넉한 인심으로 맛 좋은 술을 판다는 그럴듯한 간판을 내건 주점이 하나 있었는데, 찾아오는 손님이 별로 없어 술이 오래 묵다 보니 맛이 시큼하게 변질되고 말았답니다. 이를 이상하게 여긴 주점 주인은 동네의 장로인 양천을 찾아가 그 이유를 물어봤대요. 그러자 양천은 술집의 개가 너무 사납기 때문에 사람들이 어린아이에게 술을 받아 오라고 시켜도 아이들이 사나운 개를 보고 두려워하여 감히 이 술집을 찾지 못하는 것이라고 말해 주더랍니다. 이 말은 스스로를 뒤돌아보게도 하였습니다. 아무리 뛰어난 실력을 가지고 있더라도 내 안의 '사나운 개'가 주위의 사람들을 불편하게 하고, 두렵게 한다면 그 뛰어난 실력은 펼쳐 보이지도 못하고 사장되고 말겠지요.

실력을 닦고 개발하는 것 못지않게 '어린 손님'이 즐거이 달려올 수 있는 '즐거운 술집'을 만드는 것이 필요하다는 가르침이었습니다.

나를 지키는 방법을 알게 되면 사랑하는 상대도 지킬 수 있게 되니까요. 비록 만반의 준비를 해도 한순간에 허물어질 수 있겠지만 영화의 주인공처럼 그냥 최선을 다해 보는 겁니다.

자유와 모험, 선택과 집중, 안정과 혼란, 숙제하기와 숙제 미루기-늘 경계의 삶을 살게 되지만 그럼에도 불구하고 행복하셨으면 좋겠습니다.

나무가 있기에 하늘인 것을 알았습니다.

안부 전화

오직
서로를 궁금해 하는
소박한
마음 하나면
충분한 시간들

믿음에 대하여

입술에 염증이 생겼다
움푹 파인 자리
음식이 닿을 때마다
쓰리다
아물 때까지는
계속 아파야 할 듯

살아가면서도
아픈 부분을
건드릴수록
상처가 더 깊이
파여질 때도 있겠지

하지만
곪은 부분도
언젠가는 낫는다

그게 희망이고
그게 믿음이다

고요한 달빛으로 스며드는

"마음속에 아름다운 추억이 하나라도 남아 있는 사람은 악에 빠지지 않을 수 있다."라는 말이 있듯이 추억을 떠올리며 미소 지을 수 있는 순간이 있다는 건 참 행복한 일이겠지요.

햇살이 투명하게 눈부신 날에도 구름 한 점 없이 하늘이 파란 날에도 먹구름이 잔뜩 낀 날에도 인연의 설렘은 계속되었답니다.

사람으로 태어나는 순간 부모님과의 관계로 출발해서 한 살 한 살 나이를 먹을수록 관계는 더욱 복잡하고 다양해졌습니다. 나를 챙겨 주던 사람보다 내가 챙겨 드려야 할 사람이 많아졌을 때 새삼 역할의 무게를 실감했지만 그보다 더 소중한 것이 인연의 무게였고요. 사람과 사람이 만나서 알아가고 사랑하는 과정만큼 신비롭고 아름다운 일이 있을런지요.

수도 생활 40년차이신 이해인 수녀님께서도 죽는 날까지 세상 사람과 손 편지를 주고받으시겠다더군요. 자신이 투병하는 동안에도 사람들이 계속해서 도움을 요청하고 소소한 부탁을 할 때 서운한 마음이 없지는 않았지만 그럼에도 불구하고 그 모든 이유를 사랑과 축복으로 정

의 내리심이 감동적이었습니다. '아, 나는 아직도 한참 멀었구나.'

세상을 바라보는 눈길은 사람마다 다릅니다.

하지만 그 어디에서든 순결한 빛을 품고 가길 소망해 봅니다. 삶이 사랑으로 채워지는 그날까지!

이따금

마음을 열면
언어가 열립니다

종교

날 사랑하시는 님
바로 그것!

장외인간

장맛비 그친 밤하늘에 하얗게 뜬 보름달
외로운 그대 바라보며 말없이 따라가고
인적도 없고 가로등도 꺼져 버린 골목길
간간이 설움 북받쳐도 환한 미소 여전하네

마음에 들지 않는 것들도

진심이 깃든 풍경은 홀로가 아닌 서로 연결되어 있기에 가능합니다. 살아가는 게 '한구석 볼품없는 화분' 같은 존재라도 꿈이라고 명명한 그 무언가가 있어서 그래도 살아 보고 싶은 미련이 있는 게 아닐런지요. 작은 희망을 붙잡으면서 생의 끝까지 풀고 갈 숙제가 사랑과 허무라면 허무보다는 사랑이 더 나을 거라고 생각했습니다.

비록 인생은 속절없이 흘러가 바로잡을 수는 없고, 다만 정리할 수 있을 뿐이지만 글이든, 춤이든, 노래든, 얼마나 아름다운 꿈을 꾸고 있었는지 오랜 세월이 흘러 스스로가 자신의 꿈과 삶의 본질을 알게 되리라는 믿음이 있습니다. ()

꿈보다는 삶이 더 크기 때문에 삶의 의미를 찾다 보면 평범한 인생이라도 모든 행복과 불행을 축복으로 받아들일 수 있더라고요. 그 무엇이든, 그 무엇으로부터이든, 부디 자유로워지세요.

사랑이란

순수함으로 시작되고
용기 있게 그것을 지켜 나가며
상대의 안전을 위해
내 몸과 마음을 쓰는 일이었습니다

지극한 헤어짐을 준비하세요

벚꽃이 활짝 만개한 자전거 길을 열심히 페달을 밟으면서 지나갔습니다. 벚꽃이 펼쳐진 풍경은 사람이 더해져서 더 곱고 아름다웠습니다. 바람에 흩날리는 꽃잎들은 말없이 감동을 주기도 하더라고요.

지난주에는 여러 가지 일이 있었던 터라 휴일에는 늦잠을 더 자고 싶었지만 약속과도 같은 영화「아노말리사」를 보기 위함이었지요. 조조 시간이라서 관객도 별로 없었습니다. 영화 내용은 의식의 흐름 기법을 사용해서 편안하게 영화를 즐기고 싶은 사람들에게는 불친절하게 느껴졌을 것입니다. 권태로 무료한 일상을 보내던 한 중년 남자의 내면세계와 외부의 충돌을 다뤘는데요. 전체적으로 차갑고 냉소적인 시선이었습니다.

가장 인상적이었던 장면은 여자 주인공인 리사가 눈가의 흉터를 고백하는 부분이었습니다. 그 순간 제 눈가에는 이미 눈물이 맺히더라고요. 마치 제 눈가에 흉터가 생겨 만져지는 기분이었습니다. 리사가 머리카락으로 자신의 흉터를 가리는 아픔에 대해서 영화는 끝까지 설명해 주지 않더랍니다. 영화를 보고 난 뒤에도 계속 생각났습니다.

사연 하나 없는 사람이 어디 있을런지요. 각자가 자신의 상처를 직

면하고 그 상처를 있는 그대로 이해해 주는 누군가를 만난다는 게 쉬운 일은 아니겠지요. 만나는 순간 헤어짐도 시작되기에 관계를 맺는다는 건 충분한 각오와 순수한 용기를 내어야만 할 수 있는 선택이었습니다.

남자 주인공인 마이클의 고독함과 예민함도 이해되었고, C.S 루이스의 소설 「우리가 얼굴을 찾을 때까지」도 떠올랐어요. 자신의 진짜 얼굴과 진짜 목소리를 잃은 채 살아가는 사람들이 너무 많은 것 같아서요. 자신을 바라보는 일에 소홀하면 다른 사람을 바라보는 게 어려운데 말입니다.

영화의 마지막 부분까지 보고 나서도 머릿속에는 오직 이문재 시인의 「민들레 압정」이란 시만 남았습니다. 한 사람이 한 사람을 향해 다가가는 태도는 민들레와 민들레꽃처럼 '지극함'이 있어야겠구나 싶었지요. 그러한 지극함은 사소함에서도 오는 것이었습니다.

어제는 아주 외진 곳의 장례식장에 가기 위해서 택시를 탔었답니다. 기사님은 연세가 지긋하신 할아버지셨고요. 목적지까지 가는 동안 기사님은 저에게 계속 그곳으로 가면 손님이 없다고 투덜거리셨습니다. 실제 택시비도 얼마 되지 않는데 어쩔 수 없다고 하시면서요. 택시에 내리기 전 택시 요금이 삼천 칠백 원이었습니다. 그 순간 기분 좋게 만 원을 드리고 싶은 거예요. 큰돈은 아니었지만 거스름돈은 괜찮다고 말씀드리면서 만 원을 드렸더니 할아버지의 투덜거림이 끝났습니다.

"아이고, 이렇게까지 할 필요는 없는데…. 허허… 고맙소…."

목적지가 죽은 자가 기다리는 곳이어서 그랬는지 갑자기 제가 왜 그러한 마음이 들었는지는 알 수 없었습니다. 다만 우리 앞에 생이 끝나갈 때, 참된 행복을 느끼려면 자기만족이 있으면서 동시에 그 행복이 사회적이어야 함을 알기에 작은 노력을 하고 싶었던 것이겠지요.

모두 열렬히 사랑하세요.

| 못다 한 말 |

삶을 누릴 수 있게
모든 걸 갖게 해 달라고 기도했더니
모든 걸 누릴 수 있는 삶
그 자체를 주셨습니다
구한 것 하나도 주시지 않았지만
내 소원 모두 들어주셨습니다

- 성 프란체스코

며칠 동안 답답한 무언가가 나를 짓누르고 있다는 느낌이 들었습니다. 내 스스로 만든 망상과 그릇됨으로 잠을 자는 동안에도 수없이 많은 공간과 시간을 오고 가며 방황하고 있었습니다.

이전부터 꿈은 의식의 체험이라는 말에 공감하고 있었는데 실제 꿈속에서 그 상황을 저지시키기 위해 얼마나 애썼는지 몰라요. 어느 날은 누군가가 귀신의 형상을 가리키며 내게 도망치라고 소리쳤는데 오히려 나는 그이에게 다가가 토닥토닥 등을 두드려줬습니다. 그러고도 한참을 물살에 휩쓸리기도 하고…. 아무튼 깨어나고 보니 몸과 마음이 조금은 지쳐 있었지요.

불행이 끝없이 이어지는 세상의 모습도 나와 닮아 있었습니다. 나의 의식이 닫혀졌으면… 텅 비워질 수 있으면 좋겠다는 생각을 했습니다. 맑고 고요한 상황으로 스스로를 추스르고 싶었지만 의식이 살아 있는 동안 가슴이 아파 흘리는 눈물, 불안과 두려움…. 사람들의 마음이 너무 추워지는 것을 바라보는 일도 너무 힘겨웠습니다. 밥을 굶었을 때 배 속의 공허함처럼 성당에 다녀와서도 영적인 공허함은 여전했고 각종 명상 서적을 펼쳐 봤지만 글이 눈에 잘 들어오지 않았습니다.

어느 날 갑자기! 내가 왜 이렇게 진지하고 심각해졌는지 의문스러웠습니다. 실망스러움을 느꼈던 내 자신에게도 회의를 느꼈다면 그 순간을 묵묵히 지켜보고 흘려보내면 되는 것인데 계속 붙잡고 있었던 것입니다. 미소 지을 수 있었던 날들이 주마등처럼 스쳐 갔습니다. 미친 듯이 하하하 소리 내어 한참 동안 웃었습니다. 웃는 동안 내내 마음이 비워지는 것을 느꼈습니다…. 아니 아무것도 느낄 수가 없었습니다. 있는 그대로의 충만함과 행복함, 즐거움이었어요.

그대도 진실이든 아니든 마음껏 웃으세요.
그리하여…
더 깊어지고
더 아름다워지기를 소망합니다.

이 도서의 국립중앙도서관 출판예정도서목록(CIP)은 서지정보유통지원시스템
홈페이지(http://seoji.nl.go.kr)와 국가자료공동목록시스템(http://www.nl.go.kr/kolisnet)에서
이용하실 수 있습니다. (CIP제어번호 : CIP2016023234)

내 마음의 기쁜 날에

초판 1쇄 발행 2016년 10월 5일

지은이 김현주 **펴낸이** 임정일
책임 임병천 **편집** 박지민 **디자인** 이동헌

펴낸곳 책나무출판사
출판신고 2004년 4월 22일(제318-00034)

주소 서울시 영등포구 신길3동 325-70 3F
전화 02-338-1228 **팩스** 0505-866-8254
홈페이지 www.booktree.info

ISBN 978-89-6339-490-9 03810